Ratna R. Sarkar
Khadija Rasul
Amitabha Chakrabarty

Protocolo de encaminhamento para redes comutadas de bolso

Ratna R. Sarkar
Khadija Rasul
Amitabha Chakrabarty

Protocolo de encaminhamento para redes comutadas de bolso

ScienciaScripts

Imprint

Cover image: www.ingimage.com

This book is a translation from the original published under ISBN 978-3-659-85694-5.

Publisher:
Sciencia Scripts
is a trademark of
Dodo Books Indian Ocean Ltd. and OmniScriptum S.R.L publishing group

120 High Road, East Finchley, London, N2 9ED, United Kingdom
Str. Armeneasca 28/1, office 1, Chisinau MD-2012, Republic of Moldova, Europe
Printed at: see last page
ISBN: 978-620-8-29062-7

Conteúdo

Visão geral

A PSN (Pocket switched Network) é um íman de investigação emergente que tem vindo a atrair investigadores. A PSN baseia-se principalmente nos padrões de mobilidade humana. A fim de tomar melhores decisões de encaminhamento, a PSN tem em conta os comportamentos sociais dos nós. A PSN utiliza seres humanos como nós para um encaminhamento eficaz dos dados. Para melhorar o desempenho do encaminhamento, a PSN aproveita as vantagens das caraterísticas sociais, como a comunidade e a amizade, para ajudar a um encaminhamento de dados bem sucedido. O algoritmo de encaminhamento de bolhas proposto por Hui et al, fornece uma forma eficiente de encaminhar dados entre diferentes comunidades. Neste livro, implementámos um algoritmo de encaminhamento eficiente em termos energéticos (EER) que considera os conceitos de comunidade e o poder de encaminhamento dos nós entre diferentes comunidades para um encaminhamento eficaz dos dados. O EER tem proporcionado melhores resultados na taxa de entrega, baixo custo e baixa latência no encaminhamento de dados do que o Bubble e alguns outros algoritmos de encaminhamento.

CAPÍTULO 1

Introdução

1.1 Motivação

A Pocket Switched Network (PSN) é um pólo de investigação emergente que tem vindo a atrair investigadores. A PSN pode ser aplicada em ambientes exigentes, como a comunicação remota, a gestão de catástrofes, a análise de redes sociais, a deteção de catástrofes, a deteção de comunidades e quaisquer redes com ligações intermitentes ou em que a ligação esteja quase interrompida.

Desde o início da Internet, o Protocolo de Controlo de Transmissão/Protocolo Internet (TCP/IP) é o protocolo de rede mais utilizado. Durante anos, sabemos que a Internet tem conseguido ligar dispositivos de comunicação em todo o mundo. O TCP/IP desempenha o papel mais importante para alcançar este objetivo de forma eficaz. O princípio básico da transferência de dados de extremo a extremo baseia-se no TCP/IP. Mas quando a conetividade de extremo a extremo é interrompida ou intermitente, o TCP/IP pode não funcionar corretamente com fiabilidade e, em muitos casos, pode falhar completamente a transferência de dados da origem para o destino. Este problema ocorre principalmente em zonas remotas ou aldeias que não dispõem de infra-estruturas básicas de apoio à Internet. Nestas circunstâncias, as redes de comunicação sem fios, que são independentes da conetividade de extremo a extremo entre nós, podem proporcionar melhores resultados. Uma dessas soluções é a Pocket Switched Network (PSN). Trata-se de uma área de investigação relativamente nova que pode funcionar corretamente sem infra-estruturas específicas. A PSN é independente da conetividade de extremo a extremo entre humanos e pode proporcionar melhores resultados em ambientes extremos que o TCP/IP não consegue suportar. A PSN insere-se na categoria de outra rede mais antiga conhecida por Intermittently-Connected Mobile Ad-hoc Networks (ICMANET), que também é popularmente conhecida por Delay Tolerant Network (DTN). A ICMANET/DTN é uma das áreas bem estabelecidas no domínio das comunicações sem fios. É proposta uma arquitetura de rede que pode funcionar corretamente com expectativas limitadas de conetividade e recursos de extremo a extremo [1]. As redes desta classe são potencialmente implantadas em ambientes difíceis, utilizando dispositivos móveis isolados com recursos limitados. É tipicamente diferente das redes ad-hoc móveis tradicionais (MANET). Com efeito, numa ICMANET, os caminhos entre dois nós são intermitentes e a comunicação é estabelecida apenas por caminhos multi-hop entre dois nós. Isto significa que não existe um caminho de extremo a extremo entre os nós. A arquitetura DTN pode ser aplicável à interoperabilidade entre ambientes de rede difíceis (caracterizados por latência, limitação da largura de banda, probabilidade de erro e longevidade dos nós ou estabilidade do caminho). O conceito de região e de gateway está incluído na arquitetura DTN e os limites das regiões são utilizados como pontos de interconexão entre protocolos de rede diferentes. A DTN pode ser utilizada para alterar o modelo de serviço básico, a interface do sistema e o fraco desempenho de algumas redes.

Como já foi referido, a PSN insere-se na categoria das DTN. A PSN e a DTN diferem principalmente nos seus suportes de informação. A PSN emprega seres humanos para o encaminhamento de dados, enquanto a DTN utiliza qualquer transportador possível, incluindo seres humanos, para disseminar dados [2]. Atualmente, as pessoas utilizam um grande número de dispositivos móveis e os dados recolhidos mostram que as caraterísticas do "mundo pequeno" [3] estão fortemente presentes nesses dispositivos. As caraterísticas do mundo pequeno são melhor descritas pelas teorias de grafos sociais/modelos sociais. O estudo mostra que as relações de rede relacionadas com o ser humano são menos voláteis e duradouras do que as redes que dependem da simples mobilidade dos nós. Assim, para situações de rede extremas relacionadas com o ser humano, era necessária uma RDT de base mais social do que qualquer outro tipo de RDT. A partir daí, foi introduzida a necessidade da PSN, uma vez que a PSN é o único tipo de DTN que utiliza o conhecimento das caraterísticas sociais para tomar melhores decisões de encaminhamento e encaminhamento.

A PSN é uma abordagem alternativa à arquitetura das redes informáticas, cujo objetivo é resolver os problemas técnicos das redes heterogéneas. As redes PSN não têm uma conetividade de rede contínua e permitem a transferência de dados quando os nós móveis só estão ligados de forma intermitente. Uma vez que não se espera que a conetividade seja consistente na PSN, esta utiliza o que se designa por mecanismo de armazenamento-transporte-reencaminhamento. Neste caso, os nós intermédios transportam o pacote de dados quando o recebem e reencaminham-no para o nó seguinte quando o contacto é estabelecido. A PSN tira partido da mobilidade humana para distribuir os dados da fonte para o destino [4,5], a PSN não requer qualquer assistência de infra-estruturas. É por isso que a PSN é aplicável às zonas rurais e às regiões em desenvolvimento para realizar comunicações de baixo custo. Os dispositivos móveis [6] (como telemóveis, assistências digitais pessoais (PDA) e computadores portáteis, etc.) são por vezes transportados por pessoas num espaço físico com um elevado número de nós e densidade de contactos. Esta situação pode ocorrer em conferências, em espaços de escritórios e em caso de comunicações sociais. As redes que existem neste tipo de ambiente são exemplos de PSN [7, 8] em que tanto a mobilidade como o encaminhamento multihop podem ser suportados para a comunicação.

Na PSN, a utilização eficiente de recursos como a energia é um fator importante para um desempenho ótimo da rede. Devido à mobilidade dos nós, ao contacto frequente e à transmissão de mensagens na PSN, a maior parte da energia dos nós é continuamente gasta. Neste tipo de rede, a quantidade de energia de um nó é considerada um fator importante para o envio e a receção de mensagens. Ou seja, para que a entrega de mensagens seja bem sucedida, a energia do nó desempenha um papel importante na PSN. Quanto menor for a energia de um nó, menor será a sua hipótese de entregar mensagens através da rede. Assim, deve ser selecionado um protocolo de encaminhamento adequado e eficiente em termos de energia para a transmissão de mensagens na PSN.

Nesta tese, propomos um algoritmo de encaminhamento rápido (baixa latência de entrega) e eficiente (tanto em termos de energia como de rácio de entrega elevado) denominado Energy Efficient Routing (EER) que utiliza a estrutura da comunidade para o encaminhamento de mensagens. Aqui, avaliamos o EER apenas no conjunto de dados SASSY e, nesta tese, avaliamos o EER com o conjunto de dados SASSY e SASSY Sintético e também comparamos o EER com o BUBBLE [9], que é um algoritmo de base social bem conhecido e alguns outros algoritmos.

Descrição da tese: No capítulo 1, apresentamos a PSN, as suas caraterísticas, desafios e aplicações. No capítulo 2, apresentamos e categorizamos todo o trabalho relacionado com a PSN. A metodologia geral de trabalho desta tese é descrita no capítulo 3. Inclui uma discussão detalhada sobre o algoritmo proposto, o conjunto de dados, o simulador personalizado e a comparação de algoritmos e métricas. No capítulo 4, apresentamos os nossos resultados experimentais e o capítulo 5 termina com a conclusão e a direção para trabalhos futuros.

1.2 Caraterísticas da PSN

A PSN tira partido tanto da mobilidade humana como das redes intra-redes ou redes Internet para transferir dados. A PSN foi criada para fornecer serviços de rede aos utilizadores móveis em locais onde estes estão verdadeiramente localizados entre ilhas de conetividade. Existe uma enorme quantidade de dispositivos portáteis, como computadores portáteis, PDAs e telemóveis, activos em termos de largura de banda sem fios localizada (como o Bluetooth), capacidade de armazenamento e potência da CPU. O único recurso necessário para fazer funcionar este dispositivo portátil é a energia. Com o primeiro desenvolvimento da engenharia de energia e o avanço das tecnologias de bateria, uma vez carregado, é possível que o dispositivo portátil dure uma semana, mantendo-se em contacto constante com a rede. Esperamos que esta inovação continue, permitindo que os dispositivos participem em redes sem fios, minimizando o consumo de energia. No caso de aumentar a taxa de encaminhamento bem sucedido na PSN, os dados podem viajar através de vários nós. Com o desenvolvimento da tecnologia, a memória tornou-se barata e acessível a todos. No entanto, na PSN, os nós não só transportam a sua própria mensagem como também armazenam, transportam e reencaminham as mensagens de outros nós. Assim, uma gestão eficiente da memória é uma necessidade neste domínio.

Neste tipo de rede, os nós podem ser dispositivos móveis ou fixos num determinado local [10], como um computador com dente azul, um computador portátil com uma rede Wi-Fi, um telemóvel, etc. Os nós referem-se normalmente a qualquer componente de rede que tenha a propriedade de receber e encaminhar mensagens. O principal objetivo da PSN é aproveitar todas as oportunidades de comunicação e a mobilidade física dos dispositivos para transportar dados da origem para o destino, em situações em que pode não existir uma estação de base ou um centro de distribuição. Algumas caraterísticas do espaço problemático da PSN são descritas de seguida.

1.2.1 Abordagem Armazenagem-Carga-Forward

Na PSN, as ligações de rede podem ser interrompidas durante muito tempo, pelo que se assume que não existem caminhos de extremo a extremo. É por isso que o mecanismo de armazenamento-transporte-reencaminhamento é o principal mecanismo para a entrega de dados e o principal objetivo do encaminhamento é atingir a taxa de entrega máxima. A analogia deste mecanismo com a vida real é o serviço postal. No serviço postal, as cartas passam por várias estações de correio, são depois processadas e, finalmente, enviadas para o destino pretendido. Este método de armazenamento-transporte funciona de forma semelhante ao conceito de serviços postais. No mecanismo de armazenamento e encaminhamento, a mensagem ou uma parte da mensagem é encaminhada e armazenada nos nós até chegar com êxito ao seu destino pretendido. A figura 1.1 mostra uma representação gráfica da abordagem store-carry-forward e também mostra como a mensagem ou um pedaço de mensagem é propagado através de uma rede. Nesta figura, o círculo representa um nó e a caixa representa a sua capacidade de armazenamento. Assim, na Figura 1.1, cada nó está a retransmitir as suas mensagens para o destino pretendido e também tem capacidade de armazenamento para guardar a mensagem ou um pedaço de mensagem, até que a mensagem/mensagens cheguem ao seu destino ou o nó encontre outro nó adequado.

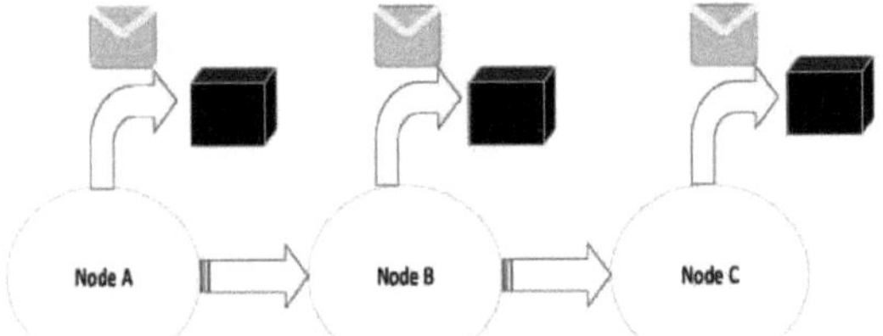

Figura 1.1 Abordagem "armazenar - transportar - avançar

1.2.2 Mobilidade dos utilizadores

A mobilidade humana desempenha um papel fundamental na PSN. A mobilidade dá origem a novas oportunidades localizadas. A mobilidade dos utilizadores também aumenta a utilização da largura de banda da rede, uma vez que é necessário transportar uma grande quantidade de dados pela rede. A probabilidade de mobilidade dos nós é medida através da utilização de diferentes modelos de mobilidade. Alguns dos modelos são brevemente analisados de seguida:

1) O modelo de waypoint aleatório [11] é um dos modelos mais populares desta categoria. No modelo de ponto de passagem aleatório, um nó escolhe aleatoriamente o destino (ponto de passagem) e desloca-se em direção a esse destino. Neste modelo, os nós são distribuídos aleatoriamente pela área de simulação e param durante um período de tempo constante. Após o fim do período de espera, cada nó escolhe um ponto de passagem (destino). O modelo de ponto de passagem aleatório é utilizado para simular redes de comunicação sem fios para seres humanos e também para representar redes estruturadas de telemóveis. Outras abordagens diferentes, como o modelo de direção aleatória [12], o modelo de fronteira aleatória [13] e o modelo de direção aleatória modificado [12], são vários tipos de movimento totalmente aleatório com diferentes distribuições da densidade dos nós.

2) Existem também diferentes categorias de modelos de mobilidade [14]. Por exemplo, o modelo Manhattan-grid [15], em que os nós são inicialmente distribuídos aleatoriamente pelas ruas (a área total da simulação é dividida em vários quarteirões quadrados designados por ruas). Se um nó chega a uma esquina, então o nó muda de direção com uma certa probabilidade. A velocidade do nó também é alterada ao longo do tempo.

3) O modelo de mobilidade por obstáculos [16, 17] é outro modelo de mobilidade que utiliza diagramas de Voronoi para determinar o caminho ótimo. O movimento utilizando este modelo é mais realista, mas continua a não haver movimento em caminhos óptimos.

4) O modelo de mobilidade de grupo-ponto de referência (RPGM) [18] modela o movimento de grupos de nós de acordo com um modelo de mobilidade arbitrário. De acordo com este modelo, a posição real de um nó é um vetor de movimento aleatório adicionado à posição do ponto de referência do nó que lhe está atribuído. De acordo com o modelo de mobilidade arbitrária, a posição real do ponto de referência do nó pode mudar, mas as posições relativas do ponto de referência dentro de um

grupo não mudam.

5) Clustered-mobility [19] é um modelo de mobilidade que segue um movimento aleatório e utiliza uma abordagem semelhante ao modelo de pontos de passagem aleatórios. A diferença é que a atração de um ponto depende da quantidade de nós nas proximidades. Este modelo é aplicável em diferentes cenários tácticos.

6) O modelo de Gauss-Markov [20] é outro exemplo de modelo de mobilidade. De acordo com este modelo, a velocidade e a direção do nó no futuro dependem do valor atual. Os novos valores são escolhidos com base num processo autoregressivo de primeira ordem.

7) O modelo Smooth-random [21, 22] é um modelo de mobilidade em que os nós são classificados em função da sua velocidade máxima, velocidade preferida, aceleração máxima e desaceleração. A velocidade e a direção podem também ser escolhidas por correlação entre si. Deste modo, é possível efetuar movimentos mais realistas.

8) O modelo de mobilidade baseado no grafo de área [23] realiza sub-áreas com maior densidade de nós. Este modelo também permite a realização de trajectos entre zonas com maior densidade de nós e zonas com menor densidade de nós. As subáreas são consideradas vértices do grafo de área e os caminhos são considerados arestas. A cada aresta é atribuído um peso ou uma probabilidade. Um nó move-se dentro da subárea durante um período de tempo escolhido aleatoriamente, de acordo com o modelo de ponto de passagem aleatório. Após este tempo, o nó escolhe um caminho de acordo com as probabilidades nas arestas. Em seguida, o nó desloca-se no caminho para a área seguinte.

9) Existem alguns modelos de mobilidade que podem ser aplicados nas redes sociais. O modelo de mobilidade baseado em redes sociais [24] é um deles. Este modelo baseia-se em indicadores de interação entre todos os pares de nós. Se um nó tiver um indicador de interação maior, então a probabilidade de relação social do nó é elevada. Em primeiro lugar, de acordo com o indicador de interação dos nós, estes são agrupados em nuvens. Os nós são movidos dentro das nuvens de acordo com um modelo de pontos de passagem aleatórios em que os pontos de passagem são escolhidos de acordo com os indicadores de interação. O modelo de mobilidade baseado na comunidade [25] é utilizado para a classificação dos nós em grupos e para o seu movimento dentro das nuvens.

Devido à mobilidade dos nós, os caminhos de encaminhamento tornam-se imprevisíveis e a probabilidade de acessibilidade móvel torna-se altamente dinâmica, pelo que a mobilidade introduz um novo desafio na PSN.

1.2.3 Redes oportunistas

As redes oportunistas são um domínio de rede muito promissor. Nas redes oportunistas, os nós constroem uma rede ad hoc auto-organizada sem necessidade de qualquer infraestrutura pré-existente [26, 27]. Nas redes oportunistas, os nós exploram oportunamente estes contactos com outros nós para trocar mensagens com o destino adequado. Na rede oportunista, os nós são capazes de comunicar entre si mesmo que não exista uma rota para os ligar e também colaboram na troca de dados da origem para o destino [28].

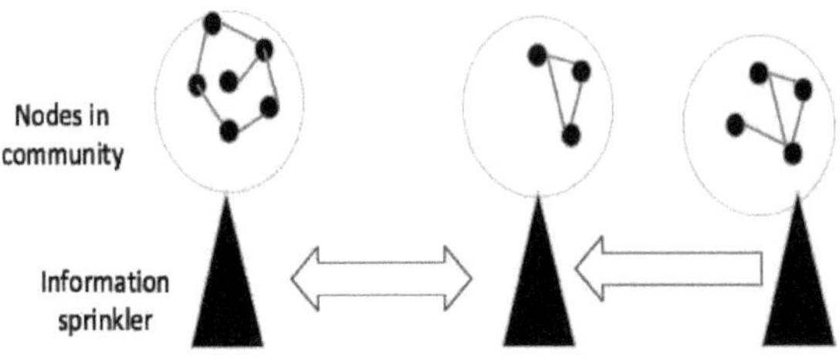

Figura 1.2 Rede oportunista

A Figura 1.2 mostra a estrutura básica de uma rede oportunista. Como os movimentos na PSN não são pré-definidos, o encontro de um vizinho é apenas casual e a colaboração só pode acontecer quando surge a oportunidade. Neste tipo de rede, em primeiro lugar, um nó tem de encontrar um nó vizinho para iniciar a colaboração. De seguida, começam a trocar dados. Os nós transmitem dados ao nó vizinho que descobriram. Os dados são distribuídos entre todos os nós através do aspersor de informação. O aspersor de informação é um nó dedicado, que tem menos probabilidades de ser móvel e funciona como qualquer outro nó de rede oportunista. Utiliza o protocolo de partilha de dados. O aspersor de informação pode recolher informação de outros nós sempre que estes nós vizinhos, pertencentes à comunidade do aspersor ou a qualquer outra comunidade, se aproximam do aspersor e, em seguida, o aspersor distribui a informação a outros aspersores de informação num curto espaço de tempo. Isto significa que, nesta rede oportunista, as mensagens são distribuídas salto a salto em direção ao destino.

No caso do encaminhamento de dados nas PSN, as ligações à Internet são cruciais. Tanto as oportunidades de intranetworking como de internetworking permitem que as PSN forneçam aos utilizadores uma rede altamente robusta para a transferência de dados. Isto significa que as redes oportunistas permitem que os utilizadores estabeleçam comunicações entre si em circunstâncias inevitáveis e utilizam também o movimento físico do utilizador para transferir mensagens importantes.

1.2.4 Propriedades sociais

Como já foi mencionado anteriormente, as caraterísticas do mundo pequeno ou as propriedades sociais são fortemente evidentes na PSN [3]. Isto deve-se ao facto de a PSN ser composta por seres humanos e de os seres humanos serem seres sociais, sendo que uma dessas naturezas sociais é a capacidade de formar gráficos sociais a partir dos dados obtidos através da PSN. Um gráfico social é um mapa global que mostra como os nós estão ligados. Também dá uma ideia de muitas outras métricas sociais, como a amizade, a comunidade, a centralidade e a modularidade. A maioria destes termos pode ser encontrada no trabalho sobre teoria dos grafos de Girvan e Newman et al. [29]. Algumas definições de propriedades sociais comuns encontradas na PSN são descritas brevemente de seguida:

a) Nos grafos sociais da PSN, cada vértice representa uma pessoa com um dispositivo e cada aresta representa a frequência de interação entre esses dispositivos.

b) A centralidade é a medida da importância de um nó ou de como um nó pode ajudar a ligar outros nós no grafo. Um nó com um valor de centralidade elevado representa um nó com forte interação, que pode ser um bom candidato a transportador de dados para outros nós. Por exemplo, a centralidade de intermediação de um nó mede o número de caminhos mais curtos que passam por ele. Quanto mais elevado for o valor da centralidade de intermediação, melhor será o nó de ligação para efeitos de troca de dados.

c) O valor de similaridade também pode ser encontrado através do gráfico social. A semelhança é a medida do número de vizinhos comuns entre nós individuais.

d) A amizade é outro conceito da sociologia que se refere à relação pessoal entre nós individuais.

e) Modularidade, que é uma função que calcula a qualidade das comunidades recém-formadas numa rede. Nesse processo de formação de comunidades, a modularidade pode ser utilizada para decidir se se deve continuar a dividir uma rede em novas comunidades ou mantê-la como está.

1.3 Desafios do encaminhamento da PSN

A PSN pode ser definida como um paradigma de comunicação que pode tirar partido da mobilidade humana e da conetividade intranet ou internet. Uma vez que não existe conetividade contínua de extremo a extremo, torna-se difícil obter uma entrega de dados bem sucedida. Nesta secção, abordaremos alguns desafios com que nos podemos deparar numa implantação bem sucedida

PSNs. Estes desafios são também sinais de alerta para os investigadores que pretendem melhorar as RSP.

1.3.1 Mobilidade

As redes sociais são formadas por comunidades humanas. Por isso, devem incluir a mobilidade. Isso significa que a mobilidade dos nós é uma questão importante na PSN. Na PSN, é difícil construir caminhos de extremo a extremo para entregar a mensagem da origem ao destino, porque a mobilidade indefinida do utilizador é um problema aqui. Devido à mobilidade dos nós, torna-se imprevisível encontrar um nó com outros nós na rede. É por isso que a conetividade contínua de extremo a extremo é dificilmente possível. Ou seja, o encaminhamento numa rede deste tipo significa encontrar um caminho temporal entre as fontes e o destino [30], mas encontrar um caminho eficiente entre as fontes e o destino, ou seja, um encaminhamento bem sucedido dos dados sem um conhecimento adequado da topologia dinâmica da rede, é uma tarefa difícil [31].

1.3.2 Egoísmo

Como a PSN é formada por seres humanos, estes são egoístas por natureza. Os dispositivos operados por seres humanos que formam uma PSN podem não estar dispostos a encaminhar dados para outros, exceto para os seus próprios destinos desejados. A natureza de armazenamento-transporte da PSN exige que os nós estejam dispostos a transportar os dados de outros, mas a presença de nós egoístas constitui um grande desafio para uma transmissão de dados bem sucedida. Assim, devem ser utilizados os mecanismos necessários para encorajar o nó a encaminhar os dados e eliminar os seus comportamentos egoístas.

1.3.3 Encaminhamento de dados

Na PSN, o reencaminhamento de dados é efectuado com base numa determinada política, uma vez que suporta tanto o funcionamento em rede intranet como em rede Internet. No caso da conetividade local, os nós reencaminham as mensagens de acordo com o conhecimento do seu ambiente local. Mas adquirir conhecimentos exactos sobre todo o ambiente local é um desafio fundamental, porque a PSN é independente de qualquer infraestrutura predefinida. Como a PSN tem algumas limitações em termos de recursos, a disponibilidade de armazenamento e de energia são também os principais desafios neste domínio.

Na PSN, os dados são encaminhados para os nós portadores que estão próximos do destino. Mas o principal desafio reside no desenvolvimento de um método que determine adequadamente um nó portador, que proporcione boas oportunidades de encaminhamento para o destino, para uma determinada mensagem.

Quando a conetividade global está disponível, um nó reencaminha mensagens diretamente para outros nós adequados que estejam globalmente ligados. Encontrar os nós que estão globalmente mais fortemente ligados é também um desafio num ambiente de rede volátil e dinâmico sem infra-estruturas.

1.3.4 Segurança

Na PSN, o encaminhamento é efectuado através da colaboração, dependência e cooperação entre nós. Os nós têm de recolher e trocar mensagens entre si. Nesse caso, os nós podem deparar-se com diferentes problemas de segurança. Uma vez que as mensagens são trocadas entre vários nós, podem ser alteradas, afectadas ou modificadas por um retransmissor malicioso [32]. Por outro lado, podem ocorrer outros problemas de segurança, como o redireccionamento, a escuta, a negação de serviço, a fabricação, o envenenamento, etc. Por isso, devem ser desenvolvidos mecanismos de incentivo, como os encontrados em [33] para as redes de sensores sem fios, para garantir a entrega segura das mensagens e preservar a privacidade dos utilizadores nas redes PSN.

1.3.5 Escalabilidade e agrupamento

A maioria dos protocolos de encaminhamento na PSN são planos. Neste caso, o agrupamento pode fornecer um melhor resultado, uma vez que pode agrupar os nós móveis com um padrão de mobilidade semelhante num mesmo agrupamento. Assim, os nós pertencentes ao mesmo agrupamento podem ajudar-se mutuamente para reduzir as despesas gerais, tornar o encaminhamento escalável e também partilhar recursos. As abordagens de agregação podem ser úteis para desdobrar grandes redes em diferentes comunidades [34]. A fim de descobrir nós sobrepostos em redes complexas, pode ser utilizada uma abordagem de agregação baseada no movimento de partículas que competem entre si através de movimentos aleatórios determinísticos [35]. Outro tipo de técnica de agrupamento é discutido no documento LABEL [36]. De acordo com LABEL, assume-se que cada nó de uma comunidade tem uma etiqueta que informa os outros nós sobre a sua etiqueta. Esta técnica fornece conhecimentos adequados sobre as comunidades para encaminhar mensagens da origem para o destino e melhorar significativamente a eficiência do encaminhamento. De um modo geral, o agrupamento é um domínio muito importante que tem muitos âmbitos de investigação. É, sem dúvida, uma importante questão em aberto para trabalhos futuros na PSN.

1.3.6 Gestão de energia e armazenamento

Os dispositivos móveis que os seres humanos transportam têm uma capacidade de energia e de armazenamento muito limitada. Para uma transmissão de dados rápida e fiável, não é razoável utilizar grandes quantidades de armazenamento e de energia. Os protocolos de encaminhamento existentes na PSN não têm em conta o baixo consumo de energia e o reduzido espaço de armazenamento nos seus objectivos de conceção. Esta gestão da energia e do armazenamento pode ser uma métrica eficaz para avaliar o encaminhamento na PSN.

1.4 Aplicações da PSN

O principal objetivo da PSN é sobreviver a um ambiente de rede complexo e exigente. Isto inclui sobreviver a falhas de hardware, bem como a falhas de software ou de protocolo. Como as PSN não requerem a assistência de qualquer infraestrutura, são aplicáveis em regiões rurais e em desenvolvimento para permitir uma comunicação de baixo custo. As RDP podem proporcionar uma comunicação eficiente em locais onde a conetividade à Internet foi interrompida devido a falhas na infraestrutura. Apresentam-se de seguida algumas aplicações das RDP:

1.4.1 Comunicação remota

Existem muitos projectos de comunicação rural em aldeias remotas para proporcionar o acesso à Internet. Alguns deles tentam reduzir o custo das comunicações utilizando a transmissão assíncrona de informações. Por exemplo, o serviço de correio digital Wizzy[1] fornece acesso à Internet a algumas escolas de aldeias na África do Sul. O projeto DAKNET [37] centrou-se no fornecimento de serviços Internet de baixo custo às zonas rurais da Índia. Sugere-se a utilização de meios físicos para a entrega de mensagens em zonas que não estão ligadas através das redes tradicionais.

1.4.2 Gestão de catástrofes

Existem alguns modelos que são utilizados para a segurança e a comunicação em caso de catástrofe, bem como para a comunicação de busca e salvamento. Por exemplo, o modelo de mobilidade pós-desastre [38] é utilizado para este efeito. Este modelo inclui o impacto das catástrofes na rede de transportes e modelos para a deslocação de pessoas e veículos de socorro.

[1] Correio digital Wizzy, http://agln.aspeninstitute.org/projects/wizzy-digital-courier

1.4.3 Análise de redes sociais

A PSN pode ser utilizada para analisar redes sociais. Muitas áreas de investigação, desde a antropologia ao comércio eletrónico e à engenharia, necessitam da análise de redes sociais [39]. Como a PSN lida com pessoas, pode ser utilizada para recolher dados entre entidades sociais e depois utilizá-los para compreender melhor as implicações, as relações e os padrões entre as pessoas, que depois podem ser utilizados para desenvolver novas aplicações para diferentes utilizações.

1.4.4 Deteção de doenças

Atualmente, a utilização da PSN para compreender a forma como as doenças epidémicas se propagam é uma ferramenta comum no domínio da epidemiologia. A PSN ajuda a seguir as pessoas para recolher dados que permitam compreender a propagação de doenças, tão simples como a gripe ou uma doença mortal como o VIH. Um desses trabalhos foi efectuado por Hashemian et al [40].

1.4.5 Deteção comunitária

A deteção de comunidades é uma utilização muito comum da PSN. A partir dos dados recolhidos através da PSN, as comunidades com maior modularidade são frequentemente agrupadas. Outra aplicação da deteção de comunidades através do rastreio de dados utilizando a PSN poderia ser utilizada para detetar movimentos terroristas em selvas ou desertos habitados. Outra utilização da deteção de comunidades através da PSN poderia ser o fornecimento de um controlo de acesso mais seguro nas redes sociais, encontrando grupos de pessoas que ajudam a espalhar spam nas redes sociais. Este trabalho é efectuado por Grier et al. [43].

CAPÍTULO 2

Trabalhos relacionados

2.1 Revisões da literatura

Neste capítulo, apresentamos diferentes protocolos de encaminhamento da PSN. Também categorizámos estes protocolos de encaminhamento em quatro categorias: protocolo baseado em inundação, passagem direta, protocolo baseado em modelos probabilísticos e protocolo baseado em redes sociais. Incluímos alguns protocolos de encaminhamento populares da PSN nestas categorias. Todas estas categorias são discutidas de seguida:

2.1.1 Protocolo baseado em inundação

O protocolo baseado em inundação é uma das categorias de protocolos de encaminhamento utilizados nas DTN, transmitidos à PSN. O encaminhamento epidémico [44] insere-se na categoria de protocolo baseado em inundação. Este protocolo baseia-se principalmente na replicação de mensagens. As mensagens são distribuídas a todos os nós presentes na rede, com o objetivo de que as mensagens cheguem eventualmente ao seu destino. O protocolo de encaminhamento epidémico garante a transmissão bem sucedida das mensagens. A principal vantagem deste protocolo de encaminhamento é o facto de ter uma baixa latência em caso de entrega de mensagens. Este protocolo aumenta drasticamente a sobrecarga em termos de congestionamento do tráfego e de energia. Foram também propostas diferentes versões do protocolo de encaminhamento epidémico [45], [46] a fim de reduzir a sobrecarga de mensagens, tendo em conta diferentes restrições, como o limite de tempo, a contagem máxima de saltos, a probabilidade de encaminhamento ou a aplicação de diferentes técnicas para informar os nós sobre a entrega bem sucedida da mensagem. Outra vantagem do protocolo baseado em inundação é o facto de não exigir qualquer conhecimento prévio local ou global da rede. Neste protocolo, as mensagens são continuamente replicadas para todos os nós da rede, o que resulta numa sobrecarga elevada, no consumo de energia e em congestionamentos de tráfego.

O protocolo baseado em inundação também pode ser baseado numa estrutura em árvore [47]. Neste caso, a decisão de como fazer cópias da mensagem e garantir o número de cópias da mensagem é uma questão importante. O relé de dois saltos [47] é outra categoria de protocolo baseado em inundação. De acordo com este protocolo, se houver n nós à volta da fonte diretamente ligados ao nó de origem, então são geradas *n* cópias da mensagem para a fonte e transmitidas a esses nós. O protocolo de encaminhamento Spray and Wait [48] é um exemplo de variação nesta categoria. De acordo com este protocolo, na fase de pulverização, um certo número de cópias de mensagens é encaminhado pelo nó de origem para o mesmo número de outros nós (conhecidos como retransmissores). Na fase de espera deste protocolo, se o destino não for encontrado na fase de pulverização, cada um dos nós que transporta uma cópia da mensagem reencaminhará a mensagem apenas para o seu destino. Estes protocolos podem fornecer melhores resultados no que respeita ao atraso médio de entrega da mensagem, mas à custa de um grande número de transmissões por mensagem entregue. Os protocolos baseados na inundação são simples de implementar para se obter um bom desempenho.

2.1.2 Passe direto

O protocolo Diret Delivery Routing [49] pertence à categoria de passagem direta. É o protocolo mais simples para transmitir uma mensagem ou um fragmento para o seu destino desejado. Neste protocolo, um nó, designado por nó de origem, só entregará a mensagem se o nó de destino for encontrado por ele. Assim, é necessária uma comunicação direta entre o nó de origem e o nó de destino para que a mensagem seja entregue com êxito. Não é necessário nenhum nó de retransmissão para que a mensagem seja entregue com êxito entre o nó de origem e o nó de destino. Na Figura 2.1, podemos ver uma representação gráfica da abordagem de encaminhamento por entrega direta. Nesta figura, o nó A tem uma mensagem para entregar e, de acordo com a abordagem de passagem direta, quando o nó A encontrar o destino desejado, entregará a mensagem.

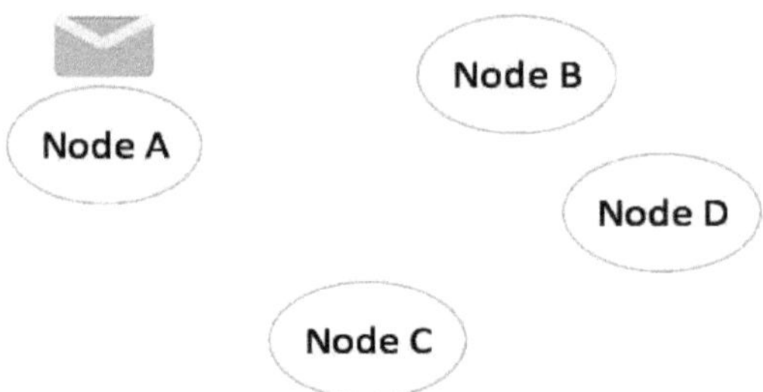

Figura 2.1 Encaminhamento de entrega direta

Este protocolo de encaminhamento seleciona sempre o caminho direto para a entrega da mensagem entre a origem e o destino. O protocolo de encaminhamento de entrega direta não requer qualquer informação sobre a rede. Devido a esta simplicidade, este protocolo não necessita de consumir demasiados recursos. No entanto, este protocolo de encaminhamento de entrega direta só funciona quando o nó de origem e o nó de destino entram em contacto direto um com o outro e é acompanhado por um enorme atraso.

O First Contact Routing [49] é outro tipo de protocolo de encaminhamento de passagem direta. Neste protocolo, o nó de retransmissão que estabelece o primeiro contacto com o nó de origem trabalha em cooperação para aumentar a probabilidade de a mensagem ser entregue com êxito. A abordagem de encaminhamento de primeiro contacto também aumenta a utilização da largura de banda e do armazenamento. Tem as mesmas vantagens e limitações do algoritmo de encaminhamento por passagem direta.

2.1.3 Protocolo baseado em modelos probabilísticos

O protocolo baseado em modelos probabilísticos é outra categoria de protocolo de encaminhamento que é efetivamente utilizado na PSN. O protocolo de encaminhamento PROPHET [50] é um exemplo popular desta categoria. Este protocolo é proposto principalmente para aumentar a probabilidade de entrega numa rede social. De acordo com o PROPHET, se um nó visita o mesmo sítio várias vezes, existe uma probabilidade de o repetir no futuro. Neste protocolo, cada nó utiliza uma métrica chamada métrica probabilística para entregar a mensagem a um nó fiável. Quando dois nós se encontram, trocam as informações armazenadas que contêm a probabilidade de entrega e as informações relacionadas com o encontro. Aqui, a probabilidade de entrega da mensagem pode ser calculada utilizando probabilidades de entrega transitivas. Quando *o nó i* e o *nó j* se encontram e a sua unidade de tempo decorrido é *k*, a probabilidade de entrega pode ser representada pela equação (1) abaixo.

$$P_{i,j}(k+1) = (1 - P_{i,j}(k)) * P_0 + P_{i,j}(k) \qquad (1)$$

Neste protocolo, a decisão de encaminhamento é tomada com base na probabilidade de entrega e uma mensagem é entregue a um nó com elevada probabilidade de entrega para chegar ao destino. O PROPHET tem menos sobrecarga, utiliza pouco espaço de armazenamento, reduz o consumo de energia e também aumenta a probabilidade de entregar a mensagem ao seu destino desejado do que os protocolos de encaminhamento de outras categorias. Mas no PROPHET o atraso médio é maior para entregar uma mensagem da origem ao destino. Neste protocolo, a decisão de encaminhamento é tomada com base na probabilidade de entrega e uma mensagem é entregue a um nó com elevada probabilidade de entrega para chegar ao destino.

Foi proposta uma abordagem probabilística semelhante [51] para melhorar o desempenho do protocolo de encaminhamento PROPHET. Esta abordagem baseia-se no conceito de previsibilidade para eliminar o atraso na entrega de mensagens e o número de mensagens perdidas. Nesta abordagem, é incluído um fator de melhoria na equação de cálculo da probabilidade do PROPHET para melhorar os factores acima mencionados.

O protocolo de encaminhamento MaxProp [52] calcula a probabilidade máxima de as mensagens serem entregues. As mensagens no buffer são priorizadas. Neste protocolo, o valor da contagem de saltos é mais baixo e a probabilidade definida é mais elevada. De acordo com este protocolo, a prioridade do pacote é determinada pelo cálculo da probabilidade de os nós se encontrarem quando o valor da contagem de saltos excede o valor limite.

O algoritmo de encaminhamento Plankton [53] também se insere nesta categoria. É possível melhorar o desempenho do encaminhamento neste tipo de rede, controlando a replicação de mensagens com base numa previsão fiável dos contactos. O Plankton considera duas ideias-chave para prever os contactos. Em primeiro lugar, classificou as ligações de comunicação em ligações fracas e ligações fortes. Esta classificação baseia-se no êxito com que uma mensagem é entregue ao destino pretendido através das ligações. Em segundo lugar, as ligações fortes são identificadas com base nas relações associativas que são observadas em diferentes momentos. Para entregar uma mensagem, o Plankton atribui, em primeiro lugar, uma quota inicial de réplicas e uma probabilidade de entrega pretendida. O Plankton controla a replicação da mensagem quando esta é duplicada para um nó com elevada probabilidade de contacto ou de entrega. O Plankton reduz as despesas gerais através do controlo das réplicas e também estima a probabilidade de contacto, a fim de melhorar o desempenho do encaminhamento. Também ajusta dinamicamente a quota de replicação estimando as probabilidades de contacto e as probabilidades de entrega.

O Context-Aware Adaptive Routing (CAR) [54] utiliza a previsão para permitir um encaminhamento eficiente. Se um anfitrião quiser enviar uma mensagem a outro anfitrião, utiliza a previsão do filtro de Kalman [55] e a teoria da decisão multicritério [56] para escolher o melhor transportador seguinte para a mensagem. As técnicas de previsão do filtro de Kalman foram originalmente desenvolvidas com base na teoria dos sistemas de controlo automático e utilizadas no CAR para obter uma previsão mais realista da evolução do contexto de um anfitrião e para otimizar a utilização da largura de banda. A teoria da decisão multicritério é utilizada para estimar a probabilidade global de entrega. De acordo com o CAR, se o emissor e o recetor estiverem na mesma região da rede, o caminho de encaminhamento é determinado pelo protocolo de encaminhamento síncrono. Se uma mensagem não puder ser entregue de forma síncrona, o melhor transportador para a mensagem é escolhido com base no cálculo da probabilidade de entrega mais elevada, que é sintetizada localmente com base nas informações de contexto. O CAR reduz as despesas gerais em termos do número de mensagens enviadas e pode proporcionar um bom desempenho. Em ambientes dinâmicos, à medida que o número de nós não detectados aumenta, o nível geral de previsibilidade aumenta. Esta é uma limitação deste protocolo.

2.1.4 Protocolo baseado em redes sociais

O protocolo baseado nas redes sociais é outra categoria de protocolo de encaminhamento. O protocolo baseado em redes sociais centra-se principalmente nas caraterísticas das redes sociais dos seres humanos para tomar decisões de encaminhamento. A estrutura social ajuda a construir caminhos de encaminhamento, permitindo que dois nós comuniquem ao longo do tempo utilizando contactos oportunistas e nós intermédios [57]. Os seres humanos pertencem a diferentes comunidades que, no seu conjunto, constituem a sociedade humana. Este conceito é utilizado para criar diferentes tipos de protocolos baseados em redes sociais. O encaminhamento de mensagens entre diferentes nós (qualquer componente da rede que tenha a capacidade de receber e encaminhar mensagens) na PSN ocorre através da deteção de estruturas comunitárias em toda a rede. Os protocolos de encaminhamento que tomam em consideração este conceito de comunidade humana inserem-se na categoria de protocolo baseado em redes sociais.

O protocolo Bubble-Rap [9] enquadra-se nesta categoria. Ele considera a rede social para tomar decisões de encaminhamento. No Bubble-Rap existem duas métricas importantes através das quais os nós da rede são classificados. Estas duas métricas são a classificação local e a classificação global. A classificação local de nós individuais significa a popularidade do nó na sua própria comunidade. A classificação global indica a popularidade de um nó individual em toda a rede. O protocolo Bubble-Rap funciona com base em dois pressupostos: cada nó deve pertencer a pelo menos uma comunidade e cada nó deve ter uma classificação global e também uma classificação local. De acordo com o

Bubble-Rap, se o nó de origem e o nó de destino pertencerem à mesma comunidade, verifica-se em primeiro lugar se o nó encontrado também pertence à mesma comunidade; em caso afirmativo, a classificação local do nó de origem e do nó encontrado é verificada e, se a classificação local do nó encontrado for superior à classificação local do nó de origem, a mensagem é reencaminhada. Se o nó de origem e o nó de destino não estiverem na mesma comunidade, então este protocolo de encaminhamento é reencaminhado para o nó encontrado se este estiver na mesma comunidade do nó de destino ou se a classificação global do nó encontrado for mais elevada.

A Figura 2.2 mostra uma ilustração do encaminhamento do Bubble Rap da fonte (S) para o destino (D). Aqui, os nós de origem (S) e de destino (D) são especificados pela cor preta. Por outro lado, as setas pretas e verdes mostram as operações de Bubble Rap baseadas na centralidade global na comunidade global e na centralidade local na comunidade de D, respetivamente.

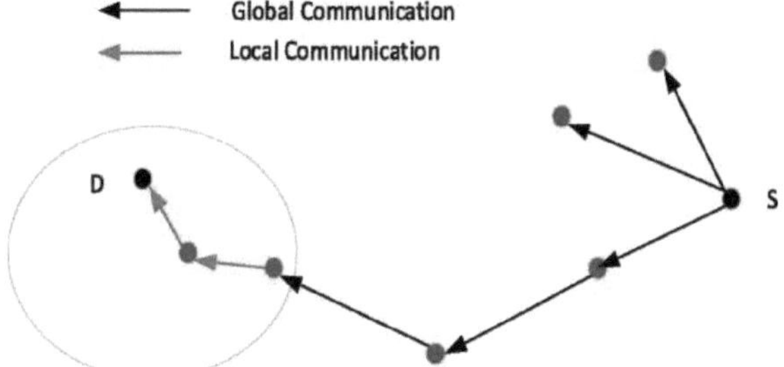

Figura 2.2 Ilustração do encaminhamento do Bubble Rap

O Lobby Influence [58] também se insere na categoria de protocolo de encaminhamento baseado em redes sociais. Neste protocolo, a decisão de reencaminhamento de mensagens é tomada tendo em conta a popularidade local e global dos nós e o seu índice de lobby. O índice de lobby é medido pela força da relação com os nós vizinhos. O protocolo de influência do lobby permite que os nós mais populares reencaminhem a mensagem para o nó menos popular que tenha um índice de lobby elevado na rede. O protocolo de influência do lobby é um trabalho melhorado do protocolo Bubble-Rap. A principal diferença entre estes dois protocolos reside na sua decisão de reencaminhamento. Como já foi referido, o Bubble-Rap toma a decisão de encaminhamento com base na popularidade do nó. Por outro lado, a decisão de encaminhamento do Lobby Influence depende não só da popularidade dos nós mas também do índice Lobby. Neste protocolo, são considerados três pressupostos, nomeadamente

1. Cada nó deve ter uma etiqueta e deve associar-se a pelo menos uma comunidade.

2. Cada nó tem uma classificação global e uma classificação local para identificar a centralidade global e local. Mas um nó pode ter várias classificações locais e várias etiquetas.

3. Cada nó tem o seu índice de lobby que indica a força da relação com os seus vizinhos.

Este protocolo aumenta a probabilidade de entrega de mensagens e, ao mesmo tempo, diminui a sobrecarga dos nós mais populares. Outro trabalho semelhante que se baseia em [55] é discutido em [57] e centra-se no valor da centralidade de intermediação para melhorar a decisão de encaminhamento global do Bubblerap.

Outro protocolo de encaminhamento baseado em redes sociais é o SimBet [60]. De acordo com este protocolo, quando dois nós se encontram, são comparados um com o outro utilizando a utilidade SimBet. A utilidade SimBet é uma combinação da utilidade de similaridade e da utilidade de intermediação.

A utilidade da similaridade significa o número de vizinhos comuns entre um nó e o destino. Por outro lado, a intermediação significa o número de nós ligados indiretamente que um nó pode ligar. Isto significa que estas utilidades podem ser estimadas pelas estatísticas das ligações diretas entre si e os outros nós da rede. Quando dois nós se encontram, trocam informações de contacto entre si e determinam a utilidade SimBet para o nó de destino. Como resultado, o número de nós e a quantidade de dados trocados aumentam proporcionalmente. No encaminhamento SimBet, quando o nó n, que transporta uma mensagem para o destino d, encontra o nó m, n calcula o valor da intermediação e da similaridade do nó m. As funções utilizadas para calcular a similaridade são apresentadas na equação (2) e a centralidade da intermediação é apresentada na equação (3).

$$SimUtil_n = \frac{Sim_n(d)}{Sim_n(d)+Sim_m(d)} \quad (2)$$

$$BetUtil_n = \frac{Bet_n}{Bet_n+Bet_m} \quad (3)$$

O protocolo de encaminhamento baseado em perfis PRO [61] é outro exemplo de protocolo baseado em redes sociais. O PRO utiliza a estrutura comunitária da rede social, de modo a abranger o número máximo de comunidades para chegar ao destino.

No PRO, os nós que pertencem à mesma comunidade são designados por vizinhos locais e os nós que estão ligados a outras comunidades são designados por vizinhos remotos. O PRO funciona através da regularidade dos eventos de contacto entre os nós. Esta regularidade é medida em termos de duração do encontro e do número de encontros entre os nós. No PRO, cada nó mantém uma tabela de observação local que regista os eventos periódicos de intercontacto e actualiza a pontuação de observação. A pontuação de observação pode ser definida como uma métrica que indica a probabilidade de observar um nó periodicamente. No caso de encaminhamento, o PRO dá prioridade à pontuação de observação. Os nós que observam o nó de destino regularmente são candidatos mais adequados para encaminhar diretamente para o destino. O PRO também verifica a pontuação de disseminação de informação dos nós no raio de comunicação. Se os nós actuais encontrarem outro nó, que é conhecido como nó candidato, com uma pontuação de disseminação de informação mais elevada do que a pontuação do limiar interno do nó atual, então a mensagem é encaminhada para o nó candidato. O PRO também controla o número de cópias de cada mensagem que pode ser reencaminhada por um único nó, o que é conhecido como Forwarding-Quota.

O PRO consegue um encaminhamento rápido e eficiente em redes PSN com ligações intermitentes. Isso significa que o PRO tem baixa latência de entrega e baixa sobrecarga de mensagens. O PRO é também auto-aprendizagem, completamente descentralizado e local aos nós, mas por vezes pode ser dispendioso.

O protocolo de encaminhamento CAS [62] Community-based Adaptive Spray também se insere nesta categoria. Este protocolo baseia-se principalmente em dois aspectos: em primeiro lugar, seleciona os nós intermédios que estão mais próximos do destino e, em segundo lugar, controla dinamicamente o número de cópias de mensagens, tendo em conta o tempo de vida de uma mensagem. De acordo com o gráfico da comunidade, este protocolo começa por encontrar o caminho mais curto para o destino. Para encontrar o nó de ligação, é utilizada a tabela de ligações. A tabela de gateways contém o ID da comunidade, o ID do nó de gateway, o ID da comunidade que está ligada pelo nó de gateway, o tempo médio de contacto entre o nó de gateway e a comunidade e também um carimbo de data/hora da última atualização da tabela. Em seguida, é calculado o número ótimo de cópias de mensagens necessárias para o encaminhamento. O nó de ligação é definido como um nó de destino intermédio e encaminha um número específico de mensagens. Se o nó de passagem for o nó de destino, o processo termina. De acordo com o CAS, se um nó estiver a transportar uma mensagem de L>1 *(L* é o número de cópias da mensagem permitidas para a encaminhar para o nó de destino intermédio) cópias e encontrar outro nó, verifica se o nó encontrado está dentro da sua comunidade. Se estiverem na mesma comunidade, verifica se o nó encontrado é o nó de destino intermédio. Em caso afirmativo, a mensagem é reencaminhada para o nó encontrado. Caso contrário, L/2 cópias da mensagem são encaminhadas para o nó encontrado e as restantes cópias da mensagem são guardadas pelo nó de origem. Se estiverem em comunidades diferentes, verifica-se se o nó encontrado é o nó de destino; em caso afirmativo, as cópias da mensagem são reencaminhadas para o nó encontrado. O principal objetivo da melhoria do desempenho do encaminhamento é aumentar a taxa de entrega e minimizar o consumo de recursos. Para atingir este objetivo, o Community based adaptive spray (CAS) considera tanto o padrão de mobilidade como o tempo de vida da mensagem. De acordo com este tempo de vida, o CAS controla dinamicamente o número de cópias da mensagem.

O SANE [63], um protocolo de encaminhamento sem estado com consciência social, é também um exemplo de protocolo baseado em redes sociais. No caso do encaminhamento na PSN, o SANE tira partido das abordagens com consciência social e sem estado. O SANE suporta dois serviços de comunicação: unicast e interest-cast. De acordo com o interest-cast, uma mensagem deve ser reencaminhada para indivíduos cujo perfil de interesses se assemelhe ao do destino. Isto significa que, de acordo com este serviço, um utilizador pode comunicar uma determinada informação ao maior número possível de utilizadores interessados, num determinado período de tempo. De acordo com o SANE, uma mensagem tem um cabeçalho que contém um perfil de interesse do destinatário, também conhecido como perfil de relevância da mensagem, que é um valor inteiro que representa o número de réplicas da mensagem que é permitido a um nó encaminhar para outros nós e um valor de tempo de vida. Na sociedade humana, os indivíduos com interesses semelhantes encontram-se mais frequentemente do que os indivíduos com interesses opostos. Este conceito é utilizado no SANE e, em seguida, de acordo com a observação acima, é concebido um mecanismo de reencaminhamento sem estado e com consciência social.

O Friendship based routing [64] é um protocolo de encaminhamento baseado em redes sociais em que as decisões de encaminhamento de mensagens são tomadas com base em amizades temporalmente diferenciadas. Este protocolo começa por identificar com precisão as relações entre os nós, considerando uma métrica designada por métrica de pressão social (SPM) que motiva os amigos a encontrarem-se para partilharem as suas experiências. A SPM considera três caraterísticas comportamentais da amizade próxima: frequência, longevidade e regularidade. Em segundo lugar, a comunidade local é formatada tendo em conta as qualidades das ligações do histórico de contactos dos nós. Um nó pode definir uma comunidade como um conjunto de nós com uma qualidade de ligação superior a um determinado limiar. Esta comunidade incluirá apenas amigos diretos. No entanto, dois nós que não sejam amigos diretos podem ser amigos indirectos próximos. Por fim, este protocolo identifica a forma de lidar com as diferenciações temporais das relações entre nós, permitindo diferentes comunidades de amizade em diferentes períodos. No caso do reencaminhamento, se um *nó* i tiver uma mensagem para o *nó d* e se encontrar com o *nó* j, então i reencaminha a mensagem para *j* se e só se a comunidade de amizade atual de j e d for a mesma e j for mais amigo de *d* do que i. i não reencaminhará a mensagem, se j e d não estiverem na mesma comunidade de amizade, mas j tiver uma melhor ligação com d. Este protocolo pode atingir um melhor rácio de entrega sem maximizar o custo em comparação com outros protocolos. Como este protocolo permite diferentes comunidades de amizade em períodos diferentes, pode exigir mais espaço, o que pode aumentar o custo.

A fim de aumentar o desempenho dos protocolos baseados em redes sociais em redes de grande escala, pode ser utilizada a estrutura de conhecimento da comunidade (CAF) [65]. A CAF pode ser facilmente integrada em alguns destes algoritmos baseados em redes sociais. Esta extensão do quadro baseia-se no facto de os algoritmos de reencaminhamento social funcionarem normalmente na mesma subcomunidade. Neste caso, determinados nós são definidos como nós MultiHomed (MH) (nós que pertencem a várias subcomunidades) que fazem circular a mensagem noutras subcomunidades. Estes nós MH são classificados em função do número de subcomunidades a que pertencem (MHrank). A CAF baseia-se principalmente na informação social/contacto local para prever futuras oportunidades de transferência. A integração da CAF com o algoritmo de reencaminhamento pode aumentar o rácio de entrega, mas por vezes pode ser dispendioso.

CAPÍTULO 3

Metodologia de trabalho

3.1 Questões de conceção

A PSN é composta por seres humanos e os seres humanos são seres sociais. Uma dessas naturezas sociais é a capacidade de formar um gráfico social a partir dos dados obtidos através da PSN. Um gráfico social é um mapa global que mostra como os nós estão ligados. Também dá uma ideia de muitas outras métricas sociais, como a amizade, a comunidade, a centralidade e a modularidade. A maioria destes termos pode ser encontrada no trabalho sobre teoria dos grafos de Girvan e Newman et al. [66]. Algumas propriedades sociais comuns da PSN já foram discutidas.

Os dispositivos da PSN têm limitações de recursos em termos de memória e poder computacional e a utilização de energia também é crítica [67]. Os pacotes possuem uma propriedade de tolerância ao atraso codificada em TTL [68]. Estes pressupostos motivam-nos a dar ênfase ao rácio de entrega e à utilização adequada dos recursos. A poupança de energia e o aumento da taxa de entrega a baixo custo são benéficos.

3.2 Deteção comunitária

A comunidade é uma propriedade social importante da PSN. A comunidade é um conjunto de duas ou mais pessoas que ocupam a mesma área geográfica. A comunidade é normalmente definida como um grupo de pessoas que interagem e vivem num local comum. Um membro de uma determinada comunidade tem mais probabilidades de interagir com outro membro da mesma comunidade. De facto, as relações sociais entre as pessoas são claramente representadas pelas comunidades. Como a PSN recorre a seres humanos para o encaminhamento eficaz dos dados, a deteção de comunidades é uma utilização muito comum da PSN.

O algoritmo EER proposto utiliza conceitos de comunidade para o encaminhamento de dados. Têm sido utilizados diferentes tipos de algoritmos para a deteção de comunidades. O K-Cliques é um exemplo de algoritmo de deteção de comunidades e foi utilizado no BUBBLE [9]. Exige que a dimensão mínima das comunidades seja especificada antes de as formar. Utilizamos o algoritmo de Louvain [34] para detetar comunidades entre nós. As comunidades são caracterizadas por contactos frequentes. O algoritmo de agrupamento de Louvain é rápido e simples de implementar e não requer um tamanho de comunidade predefinido. Funciona com múltiplas iterações e duas fases diferentes. Na primeira fase, cada nó é considerado como uma comunidade separada. Após cada iteração, cada nó é selecionado e fundido com as suas comunidades vizinhas e verifica-se a modularidade da rede. Se a modularidade da rede não melhorar, o algoritmo pára. Na segunda fase, é formada uma nova comunidade cujos nós são agora as comunidades encontradas durante a primeira fase. Estas duas fases são repetidas até se atingir o ponto ótimo local. O algoritmo de agrupamento de Louvain formou comunidades para o EER e ajuda a evitar indivíduos isolados. O nosso trabalho futuro irá comparar o desempenho do encaminhamento com diferentes algoritmos de agrupamento.

3.3 Algoritmo EER

De acordo com o EER, em primeiro lugar são detectadas comunidades entre todos os nós. Dividimos o algoritmo EER em duas partes. Na primeira parte, consideramos a intra-comunicação dos nós, o que significa efetivamente a comunicação entre nós que pertencem à mesma comunidade. Este tipo de comunicação é também conhecido como comunicação local. A segunda parte do EER é a intercomunicação entre nós que pertencem a comunidades diferentes, também conhecida como comunicação global. O algoritmo de comunicação global permite determinar se uma mensagem será reencaminhada ou não. Para este algoritmo, considera-se o seguinte pressuposto:

- Cada nó deve pertencer a pelo menos uma comunidade.
- Cada nó tem o seu "Forwarding Power (FP)" (poder de encaminhamento) que é medido pela participação do nó em todo o processo de encaminhamento. O FP de um nó aumenta se a participação do nó for maior.
- Cada nó tem a sua classificação global para definir a sua centralidade global (popularidade) em todo o sistema. Esta métrica determina a popularidade de um nó entre diferentes comunidades.
- Escolhemos 7 dias como duração da época para a deteção de comunidades. Isto fará com que as mensagens existam em épocas diferentes antes de expirarem para um número diferente de alterações de comunidades para mensagens não entregues durante o reagrupamento.

O Algoritmo 1 mostra que um nó pode deparar-se com duas situações, uma é a intracomunicação do nó e a outra é a intercomunicação do nó dentro de todo o sistema.

3.3.1 Intra-comunicação dos nós

Esta é a primeira parte do nosso algoritmo. Este tipo de comunicação ocorre quando um nó pertence a uma comunidade local. Neste tipo de comunicação, o nó atual e o nó de destino pertencem à mesma comunidade. Para esta intra-comunicação também consideramos o poder de encaminhamento (FP) do nó, que significa a participação de um nó no processo de comunicação. O FP do nó será utilizado para tomar a decisão de encaminhamento. Se o FP
do nó de encontro é superior ao FP do nó atual, então a mensagem será reencaminhada. Se a condição não for satisfeita, o nó manterá a mensagem até obter o nó adequado ou até que o TTL da mensagem expire. A PF é calculada pela equação i. Nesta equação, g(x, y, t) =1 se ocorrer uma interação entre os nós x e y no intervalo de tempo t e, caso contrário, passa a 0. Aqui c significa a comunidade.

$$\forall\ (c,x) FP(x) = \sum y \exists c(x) \sum_{t=0}^{t} g(x,y,t) \quad (4)$$

3.3.2 Intercomunicação dos nós

Quando um nó está à procura de um destino a nível global, este tipo de comunicação ocorre. E esta é a segunda parte do nosso algoritmo. Na intercomunicação, o nó de origem e o nó de destino pertencem a duas comunidades diferentes. Neste tipo de comunicação, um nó continua a enviar mensagens até encontrar um nó adequado que pertença à comunidade de destino. Quando um nó encontra um nó da comunidade de destino, então o nó atual transfere a mensagem para o nó de encontro. Para encaminhar a mensagem para um nó adequado dentro de um sistema global, quando um nó encontra outro nó, a mensagem será transferida para o nó de encontro se o FP do nó encontrado for superior ao FP do nó atual ou se a classificação global (popularidade) do nó encontrado for superior à classificação global do nó atual. A equação da popularidade global é mostrada na Equação (5) e é idêntica à de [8]. Se nenhuma destas condições for satisfeita, o nó manterá a mensagem até obter o nó adequado ou o TTL da mensagem expirar. Para a intercomunicação, utilizamos o conceito de popularidade global para o algoritmo BUBBLE e FP a partir das seguintes equações (5) e (6), respetivamente. Para a equação (6), consideramos $c' = \# c(x)$.

$$\forall (x) GP(x) = \sum y \nexists c(x) \sum_{t=0}^{t} g(x,y,t) \qquad (5)$$

$$\forall (c',x) FP(x) = \sum y \exists c'(x) \sum_{t=0}^{t} g(x,y,t) \qquad (6)$$

```
Algorithm 1:
Foreach(encounter_Node_i)do
if(communityof(current_Node)==communityof
  (destination_Node))
{
    if(communityof(encounter_Node_i)==communityof
     (destination_Node)
    && FPof(encounter_Node_i)>FPof(current_Node))
      {
      Encounter_Node_i.Add.Message To Buffer(Messages);
      }
}
else
{
   if(communityof(encounter_Node_i)==communityof
   (destination_Node) || FPof(encounter_Node_i)>FPof
   (current_Node)||global_rank_of(encounter_Node_i)>
   global_rank_of(current_node))
      {
        Encounter_Node_i.Add.Message To Buffer(Messages);
      }

}
```

Figura 3.1 Algoritmo EER

3.4 Conjunto de dados

A PSN utiliza seres humanos para transportar informações. Isto significa que a PSN trabalha principalmente com comportamentos humanos. Por isso, temos de selecionar um conjunto de dados que tenha em conta esta questão. Para as nossas experiências, selecionámos o conjunto de dados SASSY [69] porque este conjunto de dados é um bom representante do comportamento humano. Neste conjunto de dados, vinte e cinco participantes foram equipados com sensores 802.15.4 Tmote Invent, e foram seguidos durante 79 dias. Aumentamos o traço como detalhado em [70], resultando num traço denso de encontros entre participantes. A informação sobre a rede social foi obtida a partir das amizades no Facebook: a amizade no esquema de defesa corresponde à amizade no Facebook. Criámos um novo conjunto de dados denominado Synthetic SASSY seguindo o conjunto de dados SASSY. Descobrimos os nós que estão disponíveis em contacto frequente. O Synthetic SASSY é criado seguindo a probabilidade de um nó estar presente no padrão de contacto. Criámos este conjunto de dados para avaliar o desempenho do nosso algoritmo num sistema de grandes dimensões. O conjunto de dados SASSY sintético tem 210 dias de duração e 25 participantes. A Tabela 3.1

apresenta pormenores sobre o nosso conjunto de dados e o conjunto de dados de entrada para as nossas experiências. Como a PSN é um novo pólo de investigação emergente que tem vindo a atrair investigadores. Por isso, não estão disponíveis conjuntos de dados adequados para as nossas experiências. Em primeiro lugar, utilizámos o conjunto de dados SASSY, que tem apenas 79 dias de duração, e depois, para avaliar o desempenho do nosso algoritmo num sistema de grandes dimensões, criámos o conjunto de dados sintético denominado Synthetic SASSY.

Dataset Details			Input of Experiments	
SASSY	Days	participants	Metrics	Ranges
	79	25	TTL (s)	3600-1296000
Synthetic SASSY	210	25	Messages	5000 - 30000
			Buffer Size	100-500

Tabela 3.1 Análise do conjunto de dados

3.5 Configuração da simulação

Esta secção apresenta uma análise do nosso simulador personalizado. Para avaliar diferentes algoritmos de encaminhamento, desenvolvemos o nosso simulador personalizado. Este simulador era mais simples e podia ser mais direcionado do que os simuladores existentes ONE [71]. O nosso simulador personalizado tem três fases principais. A primeira fase é o agrupamento. Como o nosso algoritmo EER é sobretudo um algoritmo de encaminhamento baseado em comunidades, começamos por detetar as comunidades entre os nós. Como já foi referido, os conceitos de comunidade provêm efetivamente da sociedade humana e a PSN trabalha principalmente com seres humanos. Ou seja, na PSN, as informações são transportadas por seres humanos. Assim, no nosso simulador personalizado, começamos com o agrupamento, o que significa detetar as comunidades entre diferentes nós em toda a rede. As comunidades entre nós diferentes são caracterizadas por contactos frequentes. Também já discutimos anteriormente que existem diferentes algoritmos de agrupamento para detetar comunidades. No caso do EER, aplicamos o algoritmo de Louvain [34] para a deteção de comunidades. O princípio de funcionamento do algoritmo de agrupamento de Louvain já foi abordado no capítulo 2. Assim, na primeira fase do nosso simulador personalizado, trabalhamos com o algoritmo de Louvain para detetar comunidades entre todos os nós de toda a rede. A figura 3.7 mostra um diagrama de fluxo do nosso simulador personalizado que começa com a análise de dados. No caso da análise de dados, dividimos todo o conjunto de dados com uma duração de época de 7 dias, o que ajuda a que as mensagens existentes permaneçam em épocas diferentes para que as mensagens não entregues possam ser entregues corretamente. Com esta duração de época, dividimos o conjunto de dados SASSY em 11 semanas e o conjunto de dados sintético em 30 semanas. De seguida, aplicamos o nosso algoritmo de agrupamento. Já mencionámos que o algoritmo de Louvain é utilizado para detetar comunidades. Ao aplicar este algoritmo, obtemos a seguinte visão da rede durante uma época.

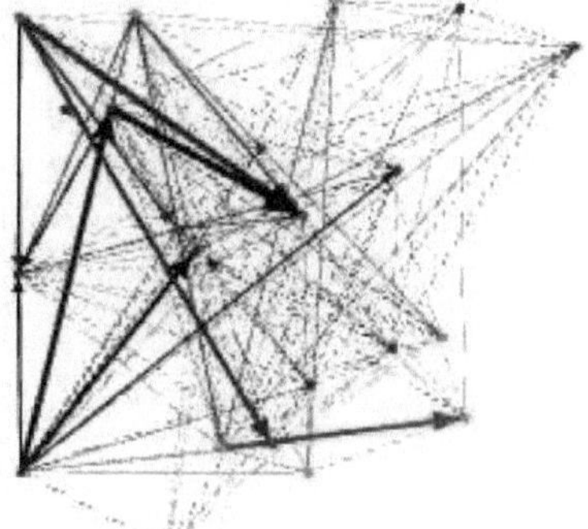

Figura 3.2 Conjunto de dados Sassy após agrupamento numa época

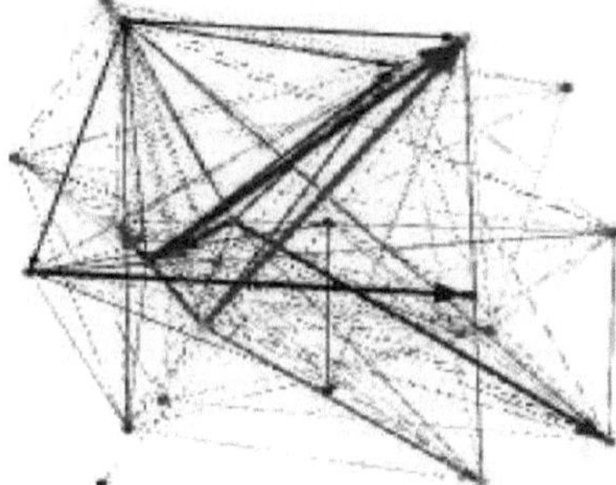

Figura 3.3 Conjunto de dados sintéticos Sassy após agrupamento numa época

A segunda fase do nosso simulador personalizado é a geração de mensagens. Aqui geramos mensagens que serão encaminhadas por toda a rede.

```
if(msg_ID<1000){
 if (randomnumber1 == 2) {

    for (int i = 0; i < randomnumber1; i++) {
        Message[msg_ID] = new M1();
        int MsgSource = rndNumbers.nextInt(maximum - minimum + 1);
        int MsgDestination = rndNumbers.nextInt(maximum - minimum + 1);
        while (MsgSource == MsgDestination) {
            MsgDestination = rndNumbers.nextInt(maximum - minimum + 1);
        }
        Message[msg_ID].source =MsgSource;
        Message[msg_ID].destination = MsgDestination;
        Message[msg_ID].carrier = MsgSource;
        Message[msg_ID].TTL = TTL;
        Message[msg_ID].generation_time=(time-1)*604800+week;
        Message[msg_ID].total_delay_time=false;
         msg_ID++;

    }
```

Figure 3.4 Geração de mensagens

Cada mensagem contém o nó de origem, o nó de destino, o nó portador e o tempo de vida (TTL). Durante o período de geração da mensagem, o nó de origem e o nó de destino são escolhidos aleatoriamente para o processo de encaminhamento total. Asseguramos também que, para a mesma mensagem, o nó de origem e o nó de destino são únicos. Aqui, nó portador significa o nó que transporta as mensagens e, à medida que uma mensagem é encaminhada de um nó para outro, o portador da mensagem também é alterado até que a mensagem chegue ao destino pretendido. Cada uma das mensagens tem o seu TTL (indica o tempo de vida de uma mensagem) que é atribuído durante a geração da mensagem. A Figura 3.4 mostra o código para a geração de mensagens, em que são geradas mensagens únicas que serão encaminhadas por toda a rede. De acordo com o código, o nó de origem e o nó de destino são selecionados aleatoriamente, mas são únicos um do outro. Durante o período de geração da mensagem, o nó de origem será o nó portador da mensagem. Sempre que uma mensagem é transmitida de um nó para outro, o nó portador da mensagem é alterado. Para o processo de encaminhamento total, o TTL de cada mensagem única varia de lhr a 15 dias. Também calculamos o tempo de geração da mensagem durante o tempo de geração da mensagem.

A terceira parte do simulador é o encaminhamento. Nesta parte, são implementados diferentes algoritmos de encaminhamento e o desempenho desses algoritmos de encaminhamento é também avaliado. Neste caso, implementamos quatro algoritmos de encaminhamento: passagem direta, inundação, bolha e EER. Avaliamos o desempenho global destes quatro algoritmos de encaminhamento e comparamos o EER com os outros. Desenvolvemos o nosso simulador personalizado utilizando JAVA.

```
if ((node_info[time-1][Message[k].carrier][1] == node_info[time-1][Message[k].destination][1])) {

   if ((node_info[time-1][node_interaction[pos1]][1] == node_info[time-1][Message[k].destination][1])
       && (node_forwarding_capability[node_interaction[pos1]][1]>node_forwarding_capability[Message[k]

       Message[k].carrier = node_interaction[pos1];
       Message[k].history = Message[k].history + "" + node_interaction[pos1];
       Message[k].hop++;
             node_forwarding_capability[Message[k].carrier][1]++;
              r_transmission++;


       if (node_interaction[pos1] == Message[k].destination) {

           r_delivermsg++;
            Message[k].r_delivery_time=(time-1)*604800+week;
            Message[k].r_delay=Message[k].r_delivery_time-Message[k].generation_time;
            Message[k].r_total_delay_time=true;
```

Figure 3.5 Intra-comunicação de EER

A figura 3.5 representa o código do EER para intra-comunicação. Como já foi referido, para a intracomunicação, o EER considera a FP de um nó. Neste caso, o EER começa por verificar se o nó atual e o nó de destino pertencem à mesma comunidade. Em seguida, verifica se o nó de encontro e o nó de destino estão na mesma comunidade e se o FP do nó de encontro deve ser superior ao FP do nó atual. Cada vez que um nó é selecionado como portador de uma mensagem, o FP do nó é aumentado, o que ajudará um nó a entregar mensagens com sucesso ao destino desejado. Cada vez que a mensagem é transmitida de um nó para outro, a transmissão total é aumentada. Finalmente, quando o nó de encontro encontra o destino desejado, a mensagem é entregue.

```
if ((node_info[time-1][node_interaction[pos1]][1] == node_info[time-1][Message[k].destination][1])
      || (node_info[time-1][node_interaction[pos1]][3] > node_info[time-1][Message[k].carrier][3])
||(node_forwarding_capability[node_interaction[pos1]][1]>node_forwarding_capability[Message[k].carrier][1])


    Message[k].carrier = node_interaction[pos1];
    Message[k].history = Message[k].history + "" + node_interaction[pos1];
    Message[k].hop++;
    node_forwarding_capability[Message[k].carrier][1]++;
     r_transmission++;

    if (node_interaction[pos1] == Message[k].destination) {
        r_delivermsg++;
         Message[k].r_delivery_time=(time-1)*604800+week;
         Message[k].r_delay=Message[k].r_delivery_time-Message[k].generation_time;
         Message[k].r_total_delay_time=true;
```

Figure 3.6 Intercomunicação de EER

A figura 3.6 representa o código de intercomunicação do REE. Como já foi referido, para a intercomunicação, o EER tem em conta a popularidade global de um nó. No caso da intercomunicação, o nó atual e o nó de destino pertencem a comunidades diferentes. Já discutimos anteriormente que a FP de um nó pode ser calculada pela participação do nó no processo de encaminhamento total. A popularidade global de um nó é calculada pela popularidade do nó em diferentes comunidades. Ou seja, quando um nó se encontra com um nó de outra comunidade, a popularidade global do nó aumenta. De acordo com o EER, verifica-se que ou o PF do nó de encontro é superior ao PF do nó portador ou a popularidade global do nó de encontro é superior à popularidade global do nó portador. Para a intercomunicação, o EER tem em conta quer a PF quer a popularidade global do nó, o que ajudará um nó a entregar as mensagens com êxito ao destino pretendido. Cada vez que a mensagem é transmitida de um nó para outro, a transmissão total aumenta. Quando o nó de encontro encontra o nó de destino desejado, a mensagem é entregue. Assim, o número total de mensagens entregues aumenta.

O fluxograma seguinte mostra os pormenores sobre o princípio de funcionamento do nosso simulador personalizado. Em primeiro lugar, começamos com a análise do conjunto de dados. Já discutimos os nossos dois conjuntos de dados na secção 3.4. Analisámos o nosso conjunto de dados de acordo com os requisitos do nosso simulador. Na nossa análise do conjunto de dados, consideramos a interação entre diferentes nós e o tempo de interação. Em seguida, inicia-se a primeira fase do nosso simulador, que é conhecida como agrupamento e já foi discutida anteriormente. Depois disso, iniciam-se a segunda e a terceira fases, respetivamente. Finalmente, analisamos os resultados de todas as nossas experiências. Este é o princípio geral de funcionamento do nosso simulador personalizado.

Figure 3.7 mostra o diagrama de fluxo do nosso simulador personalizado que começa com a análise de dados. Este fluxograma dá uma ideia clara do princípio de funcionamento do nosso simulador personalizado.

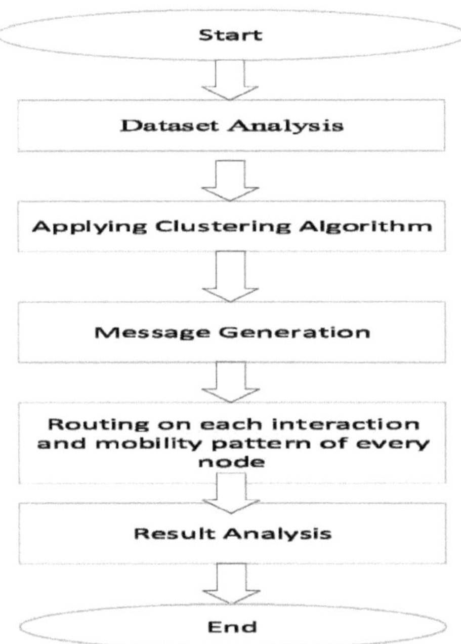

Figura 3.7 Diagrama de fluxo do nosso simulador personalizado

3.6 Comparação de algoritmos e métricas

No nosso trabalho, propusemos um algoritmo de encaminhamento energeticamente eficiente baseado na comunidade, designado por EER, e comparamos o EER com o BUBBLE, o algoritmo de passagem direta e o algoritmo de inundação. De acordo com o algoritmo de passagem direta, uma mensagem só é entregue quando o destino pretendido é atingido, caso contrário a mensagem é armazenada na memória intermédia do nó. Este algoritmo provoca um atraso maior na entrega da mensagem do que os outros algoritmos.

```
Direct Pass Algorithm
Foreach message_M do,
If(Destinationof(message_M)== EncounteredNode_i)
EncounteredNode_i.addmessageToBuffer(message)
else
CurrentNode_i.addmessageToBuffer(message)
```

Figura 3.8 Algoritmo de passagem direta

E, de acordo com o algoritmo Flooding, as mensagens são inundadas em todo o sistema. Isso significa que as mensagens são inundadas em todos os nós do sistema e, se o destino pretendido for atingido, a mensagem é entregue e os outros nós retiram as mensagens da sua memória intermédia. O algoritmo de inundação proporciona um rácio de entrega mais elevado. Como este algoritmo inunda todas as mensagens em todo o sistema, o seu custo de transmissão é mais elevado.

```
Flooding Algorithm
Foreach message_M do,
Flood message_M to all EncounteredNode_i
If(Destinationof(message_M)== EncounteredNode_i)
EncounteredNode_i.addmessageToBuffer(message)
else
EncounteredNode_i.DropmessageFromBuffer(message)
```

Figure 3.9 Algoritmo de inundação

```
Bubble Algorithm

foreach EncounteredNode_i do
if (LabelOf(currentNode) == LabelOf(destination)) then
if (LabelOf(EncounteredNode_i) == LabelOf(destination))
and
(LocalRankOf(EncounteredNode_i) > LocalRankOf(currentNode))
then
EncounteredNode_i.addMessageToBuffer(message)
else
if (LabelOf(EncounteredNode_i) == LabelOf(destination)) or
(GlobalRankOf(EncounteredNode_i) > GlobalRankOf(currentNode))
then
EncounteredNode_i.addMessageToBuffer(message)
```

Figura 3.10 Algoritmo de rapel de bolhas

A Figura 3.10 representa o pseducode do algoritmo Bubble Rap. Este algoritmo trabalha principalmente com a centralidade local e a centralidade global de um nó. Para a intra-comunicação, o Bubble considera a centralidade local ou a classificação local de um nó e, para a intercomunicação, considera a centralidade global ou a classificação global de um nó. O princípio de funcionamento do algoritmo BUBBLE já foi analisado em pormenor no capítulo 2.

Para todas as emulações do nosso trabalho, medimos as seguintes métricas:

- **Rácio de entrega:** O rácio de entrega é uma métrica importante para a nossa experiência. Esta métrica ajuda a identificar o desempenho de um algoritmo. Este rácio de entrega é medido pelo rácio entre o número de mensagens entregues e o número total de mensagens únicas criadas.
- **Custo de transmissão:** O custo de transmissão é medido pelo número de saltos que uma mensagem percorre para chegar ao nó de destino desejado. Isto significa que o custo total de transmissão é medido pela transmissão de mensagens em toda a rede.
- **Atraso:** No nosso sistema, começámos por gerar mensagens únicas e depois a mensagem é entregue de acordo com o algoritmo. O atraso é medido pelo tempo decorrido entre a geração da mensagem e a sua entrega.
- **Packet Drop:** Como as mensagens são armazenadas no buffer do nó e cada buffer do nó tem um limite de armazenamento específico. Quando o buffer do nó fica cheio, as mensagens mais antigas são descartadas e o número total de pacotes descartados é conhecido como Packet drop. Assim, a perda de pacotes é medida pelo número de pacotes perdidos devido ao transbordamento do buffer do nó.
- **Eficiência energética:** No nosso sistema, as mensagens são transmitidas entre diferentes nós até que a mensagem seja entregue ao seu destino desejado. A energia dos nós perde-se devido a este processo de receção e transmissão de mensagens. Aqui medimos a energia restante dos nós em função do tempo.

CAPÍTULO 4

Resultados e discussão

Neste capítulo, discutiremos o nosso conjunto de diferentes experiências e os seus resultados para avaliar o desempenho do EER e apresentar uma comparação com diferentes algoritmos. Desenvolvemos o EER principalmente como um melhoramento do Bubble-Rap [9] proposto por Hui et al. que considera a popularidade de nós individuais dentro das comunidades. Embora o algoritmo Bubble-Rap tenha sido proposto principalmente para redes tolerantes ao atraso (DTN), considera o conceito de comunidade. Os autores do Bubble utilizaram diferentes conjuntos de dados para as experiências, que são adequados para as DTN. Já mencionámos que propomos o EER para a PSN, pelo que as caraterísticas do conjunto de dados que utilizamos para as nossas experiências são diferentes. Por isso, neste capítulo, vamos apresentar apenas os resultados experimentais destes algoritmos. No nosso trabalho anterior [72], considerámos apenas o conjunto de dados SASSY para avaliar o nosso algoritmo. Aqui consideramos três cenários com dois conjuntos de dados diferentes para medir o desempenho do EER e os outros algoritmos de comparação. Para cada cenário, medimos a taxa de entrega, o custo de transmissão, o atraso e a queda de pacotes. Para avaliar o desempenho do EER em termos de eficiência energética, medimos a energia restante dos nós em função do tempo.

4.1 Cenário 1

Para o cenário 1, consideramos três entradas: número de mensagens, tamanho da memória intermédia do nó e TTL da mensagem. Para o cenário 1, fixámos o número de mensagens em 1000 e o tamanho da memória intermédia dos nós em 10% do número total de mensagens, mas o TTL das mensagens varia entre lhr e 15 dias. A tabela seguinte mostra os pormenores do conjunto de entradas para o cenário 1.

Inputs	Range of Values
No of messages	1000
Node buffer	10%
TTL	1hr – 15 days

Quadro 4.1 Dados de entrada para o cenário 1

4.1.1 Rácio de entrega

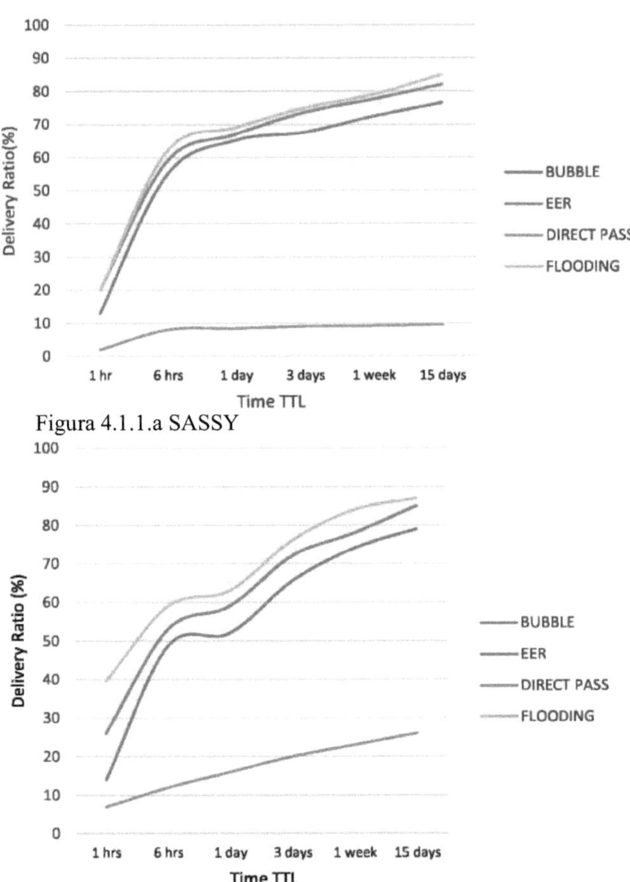

Figura 4.1.1.a SASSY

Figura 4.1.1 .b SASSY sintético.

As figuras 4.1.1.a e 4.1.1.b mostram a comparação de vários algoritmos com o EER no rácio de entrega em função do TTL. O TTL tem um papel proeminente no aumento da taxa de entrega de mensagens para diferentes algoritmos.

No caso do conjunto de dados SASSY, de acordo com a figura 4.1.1.a, podemos ver que o EER tem uma taxa de entrega 11,95% superior à do Bubble. Mas o Flooding tem o rácio de entrega mais elevado, que é 9,5% superior ao EER. De acordo com a figura 4.1.1.b, para o conjunto de dados Synthetic SASSY, o EER tem um rácio de entrega 8,44% superior ao Bubble, mas o Flooding tem o rácio de entrega mais elevado, que é 2,8% superior ao EER. Para ambos os conjuntos de dados, podemos ver que o EER tem melhor desempenho do que o Bubble, mas o Flooding tem o rácio de entrega mais elevado.

4.1.2 Custo de transmissão

Podemos ver na Figura 4.2.2.a e 4.2.2.b, o impacto do TTL para alterar o custo de transmissão de mensagens para diferentes algoritmos com o mesmo conjunto de entradas da tabela 4.1.

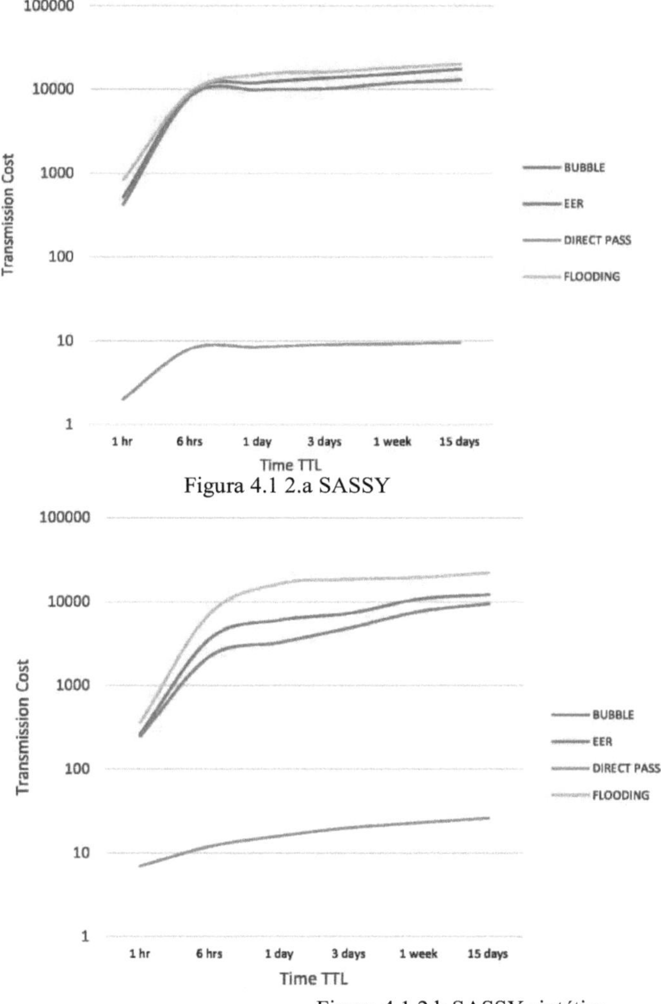

Figura 4.1 2.a SASSY

Figura 4.1.2.b SASSY sintético

Na figura 4.1.2.a, podemos ver que o Bubble tem um custo de transmissão 26,8% superior ao EER. Mas o Flooding tem o custo de transmissão mais elevado, que é 16,8% superior ao do Bubble. De acordo com a figura 4.1.2.b, a Bubble tem um custo de transmissão 45,03% superior ao EER. Nesse caso, o Flooding tem também o custo de transmissão mais elevado, que é aproximadamente 2,098 vezes superior ao do Bubble.

4.1.3 Atraso

O resultado da figura 4.1.3.a e da figura 4.1.3.b mostra o impacto do TTL no atraso médio da entrega de mensagens para diferentes algoritmos. De acordo com a figura 4.1.3.a, para o conjunto de dados SASSY, observamos que o algoritmo Bubble tem um atraso médio 60% superior ao do EER e que o algoritmo Diret pass tem o atraso médio mais elevado, que é 11,92% superior ao do Bubble. Para o conjunto de dados Synthetic SASSY, de acordo com a figura 4.1.3.b, o algoritmo Bubble tem um atraso médio aproximadamente 2,05 vezes superior ao EER e o algoritmo Diret pass tem um atraso médio 24,48% superior ao Bubble.

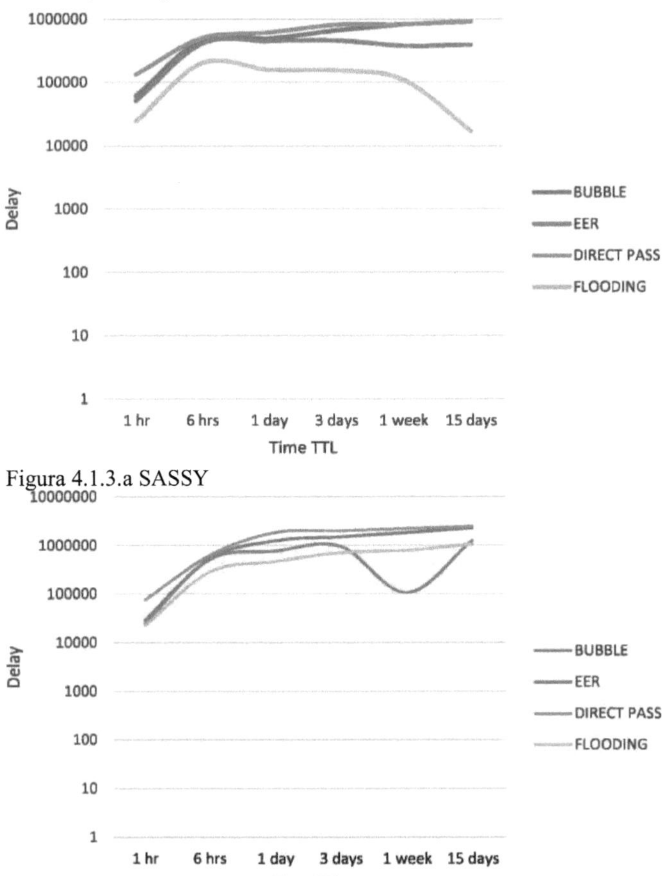

Figura 4.1.3.a SASSY

Figura 4.1.3 .b SASSY sintético

4.1.4 Queda de pacotes

De acordo com as figuras 4.1.4.a e 4.1.4.b, obtemos quase o mesmo resultado para o conjunto de dados SASSY e SASSY sintético. Em todos os casos, observamos que tanto o BUBBLE como o EER têm quase a mesma quantidade de queda de pacotes em média. Por esta razão, utilizámos o gráfico de linhas e o gráfico de barras para representar claramente o resultado. Mas, no caso do algoritmo de inundação, este apresenta a maior quantidade de perda de pacotes.

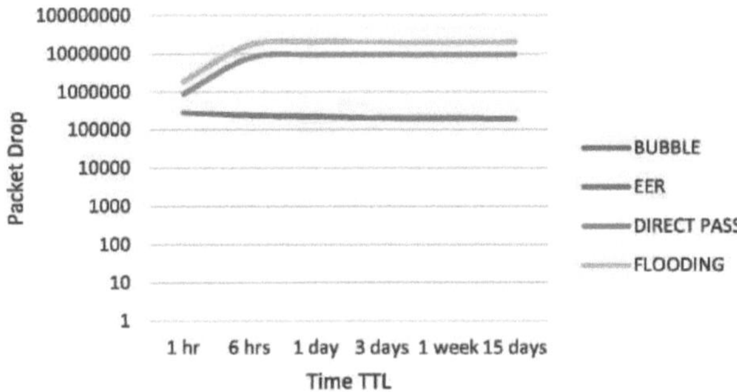

100000000
10000000
1000000
100000
10000
1000
100
10
1
Packet Drop
1 hr
6 hrs
1 day
3 days
1 week
15 days
Time TTL
BUBBLE
EER
DIRECT PASS
FLOODING

Figura 4.1.4.a SASSY

100000000
10000000
1000000
100000
10000
1000
100
10
1
Packet Drop
1 hrs
6 hrs
1 day
3 days
1 week
15 days
Time TTL
BUBBLE
EER
DIRECT PASS
FLOODING

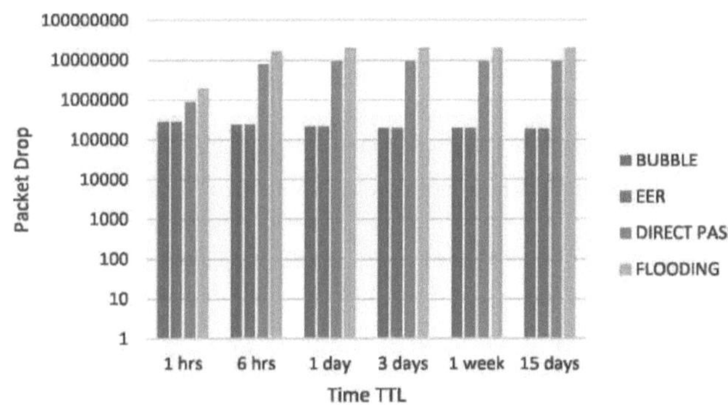

Figura 4.1.4.a.l SASSY

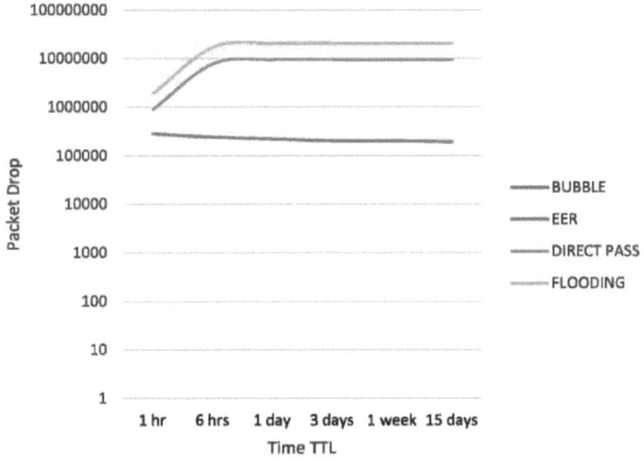

100000000
10000000
1000000
100000
10000
1000
100
10
1
Packet Drop
1 hr
6 hrs
1 day
3 days
1 week
15 days
Time TTL
BUBBLE
EER
DIRECT PASS
FLOODING

Figura 4.1.4.b SASSY sintético

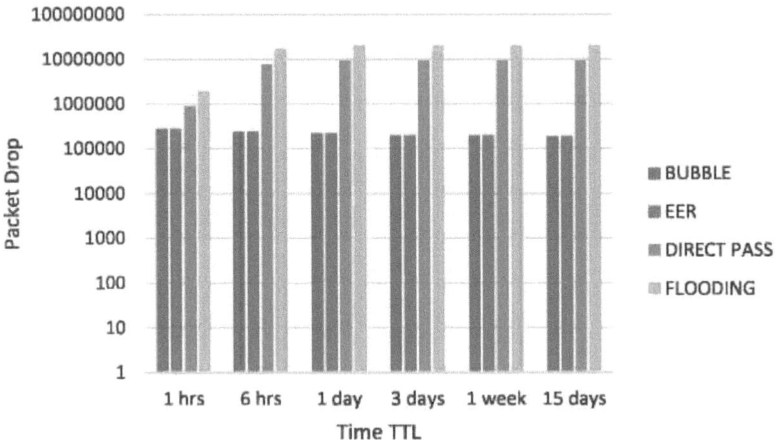

Figura 4.1.4.b. 1 SASSY sintético

4.2 Cenário 2

Para o cenário 2, fixámos o TTL das mensagens e o tamanho da memória intermédia do nó, mas o número de mensagens varia. A tabela seguinte mostra os pormenores sobre o conjunto de entradas para o cenário 2.

Inputs	Range of Values
No of messages	5000 - 30000
Node buffer	10%
TTL	1week

Quadro 4.2 Dados de entrada para o cenário 2

4.2.1 Rácio de entrega

As figuras 4.2.A.a e 4.2.A.b mostram a comparação do EER com outros algoritmos com um número variável de mensagens.

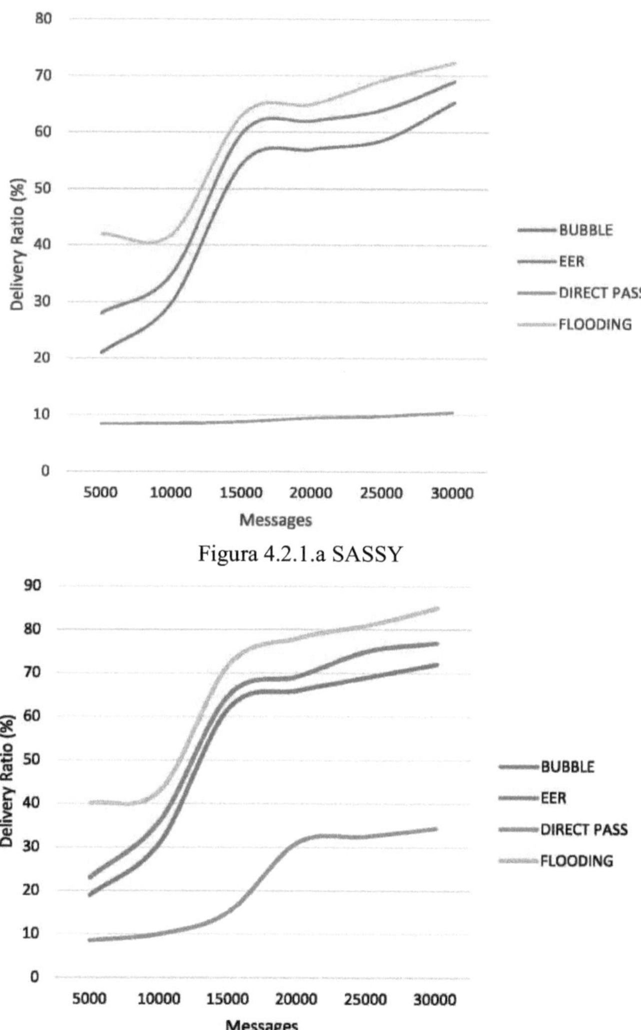

Figura 4.2.1.a SASSY

Figura 4.2.1.b SASSY sintético

Na figura 4.2.1.a para o conjunto de dados SASSY, o EER tem um rácio de entrega 11% superior ao Bubble com vários números de mensagens. Mas o Flooding tem o rácio de entrega mais elevado, que é 11,3% superior ao EER. De acordo com a figura 4.2.l.b para o Synthetic SASSY, o EER tem um rácio de entrega 8,18% superior ao do BUBBLE e o Flooding tem o rácio de entrega mais elevado, que é 15,61% superior ao do EER.

4.2.2 Custo de transmissão

Para avaliar o desempenho do EER na métrica do custo de transmissão, efectuamos as seguintes experiências com o mesmo conjunto de entradas da tabela 4.2.

Observámos que, na figura 4.2.2.a, para o SASSY, o Bubble tem um custo de transmissão 7,08% superior ao EER e o Flooding tem um custo de transmissão 6,64% superior ao Bubble. Na figura 4.2.2.b, com o conjunto de dados sintéticos SASSY, o Bubble tem um custo de transmissão 39,62% mais elevado do que o EER e o Flooding tem um custo de transmissão 41,7% mais elevado do que o Bubble. Assim, podemos ver que, tanto para o conjunto de dados SASSY como para o conjunto de dados SASSY sintético, o EER tem o custo de transmissão mais baixo do que os outros algoritmos e o Flooding tem o custo de transmissão mais elevado.

10000000
1000000
100000
10000
1000
100
10
1
Transmission Cost
5000
10000
15000
20000
25000
30000
Messages
BUBBLE
EER
DIRECT PASS
FLOODING

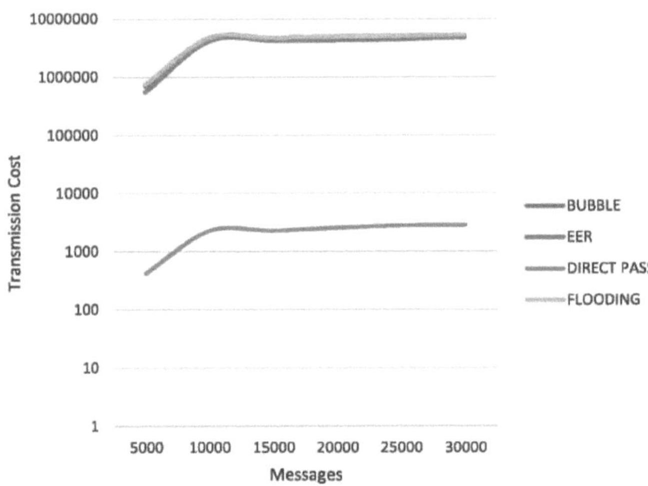

Figura 4.2.2.a SASSY

10000000
1000000
100000
10000
1000
100
10
1
Transmission Cost
5000
10000
15000
20000
25000
30000
Messages
BUBBLE
EER
DIRECT PASS
FLOODING

Figura 4.2.2.b SASSY sintético

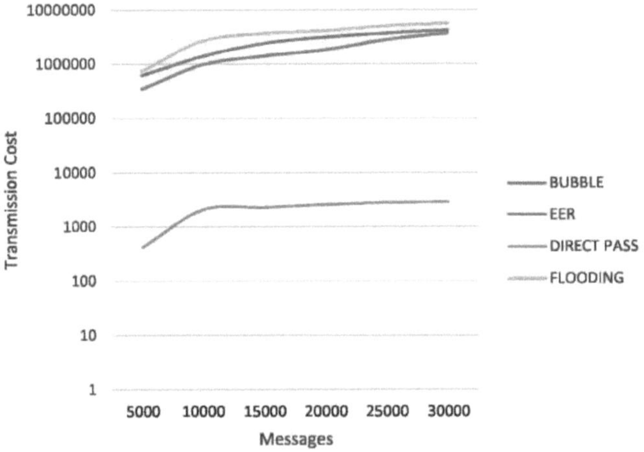

4.2.3 Atraso

Para medir o atraso do EER e comparar com diferentes algoritmos, executámos o seguinte conjunto de experiências com os dados da tabela 4.2.

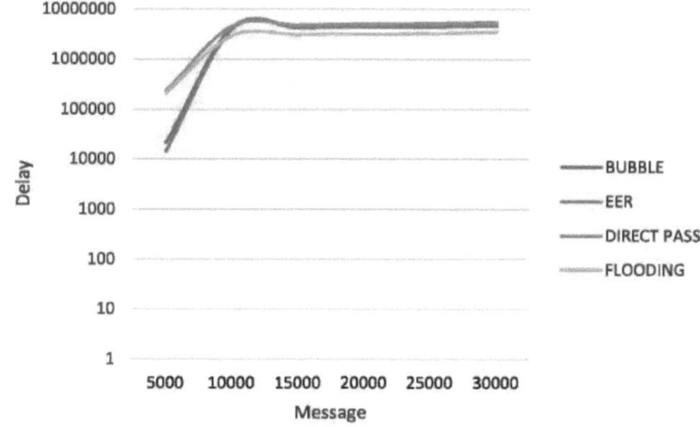

Figura 4.2.3.a SASSY

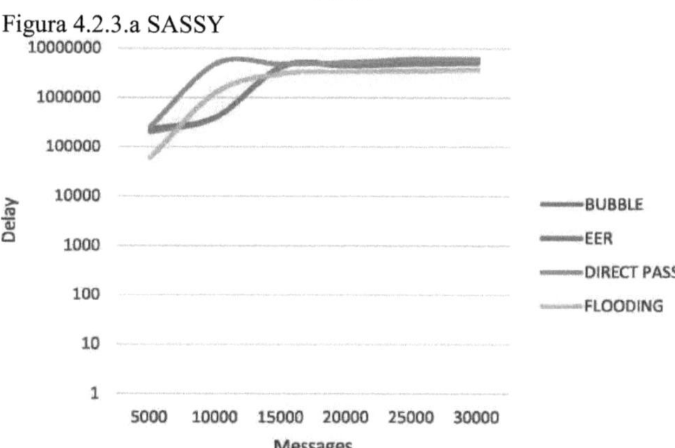

Figura 4.2.3.b SASSY sintético

Na figura 4.2.3.a, o algoritmo Bubble tem um atraso médio 6,05% superior ao do EER e o algoritmo Diret pass tem um atraso médio 10,37% superior ao do Bubble. De acordo com a figura 4.2.3.b, observámos que o algoritmo Bubble tem um atraso médio 8,56% superior ao EER e o algoritmo Diret pass tem um atraso médio 32,64% superior ao Bubble.

4.2.4 Queda de pacotes

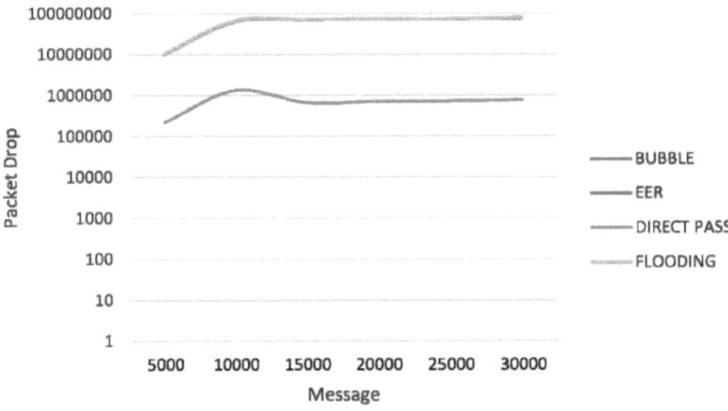

Figura 4.2.4.a SASSY

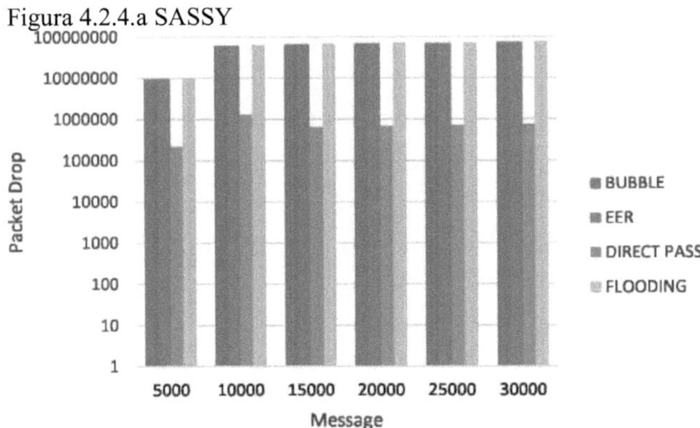

Figura 4.2.4.a.l SASSY

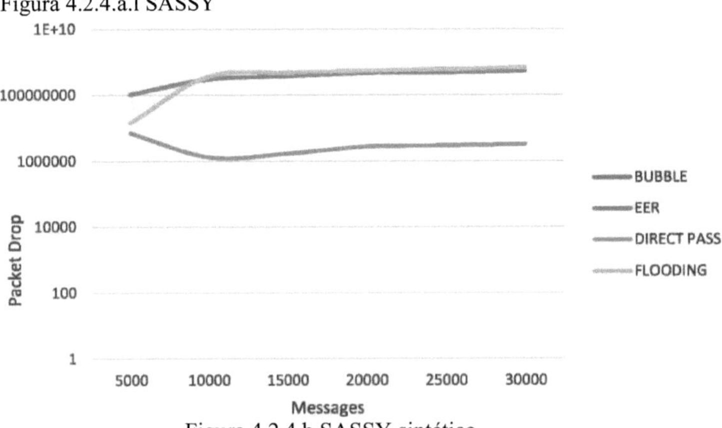

Figura 4.2.4.b SASSY sintético

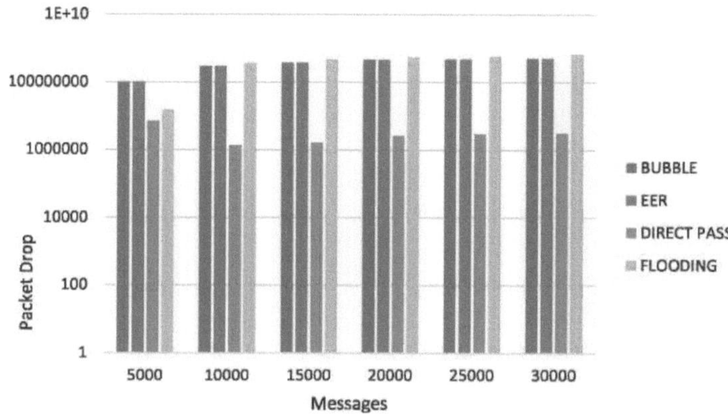

Figura 4.2.4.b.1 SASSY sintético

De acordo com as figuras 4.2.4.a e 4.2.4.b, obtemos quase o mesmo resultado para o conjunto de dados SASSY e SASSY sintético. Para o cenário 2, observamos que tanto o BUBBLE como o EER têm quase a mesma quantidade de queda de pacotes em média. Por esta razão, utilizámos o gráfico de linhas e o gráfico de barras para representar claramente o resultado. Mas, no caso do algoritmo de inundação, este apresenta a maior quantidade de perda de pacotes.

4.3 Cenário 3

Para o cenário 3, fixámos o TTL das mensagens e o número de mensagens, mas o tamanho da memória intermédia dos nós varia. A tabela seguinte mostra os pormenores sobre o conjunto de entradas para o cenário 3.

Inputs	Range of Values
No of messages	1000
Node buffer	10% -50%
TTL	1week

Quadro 4.3 Dados de entrada para o cenário 3

4.3.1 Rácio de entrega

Executámos o seguinte conjunto de experiências com os dados do quadro 4.3 para o cenário 3.

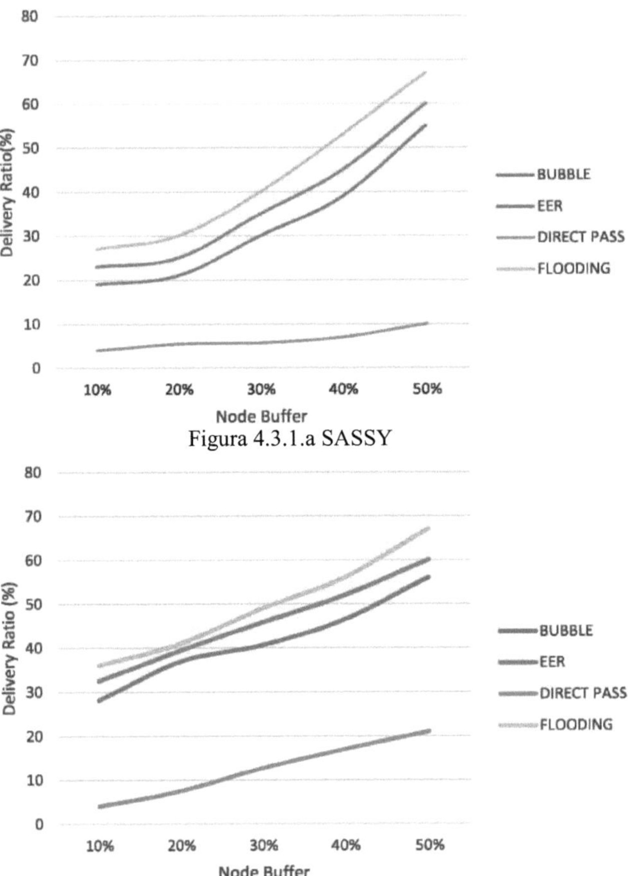

Figura 4.3.1.a SASSY

Figura 4.3.l.b SASSY sintético

Em seguida, vemos em 4.2.1.a para SASSY que o EER tem um rácio de entrega 14,63% mais elevado do que o Bubble. Mas o Flooding tem o rácio de entrega mais elevado, que é 15,42% superior ao EER. Para o conjunto de dados Synthetic SASSY, de acordo com a figura 4.2.l.b, o EER tem uma taxa de entrega 10,37% superior à do Bubble, mas o Flooding tem uma taxa de entrega 8,4% superior à do EER.

4.3.2 Custo de transmissão

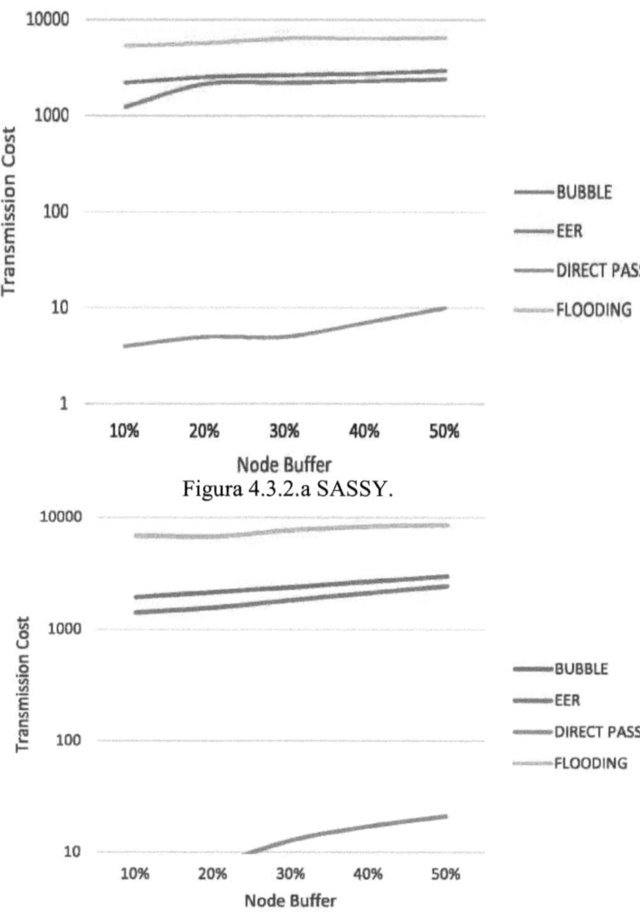

Figura 4.3.2.a SASSY.

Figura 4.3.2.b SASSY sintético

Tanto para a figura 4.3.2.a como para a figura 4.3.2.b consideramos o mesmo conjunto de resultados da tabela 4.3. Para a figura 4.2.B.a, a bolha tem um custo de transmissão 27,3% superior ao EER e a inundação é 2,304 vezes superior à bolha. Para a figura 4.2.B.b, a bolha tem um custo de transmissão 29,6% superior ao do EER e a inundação tem um custo de transmissão 3,15 vezes superior ao da bolha.

4.3.3 Atraso

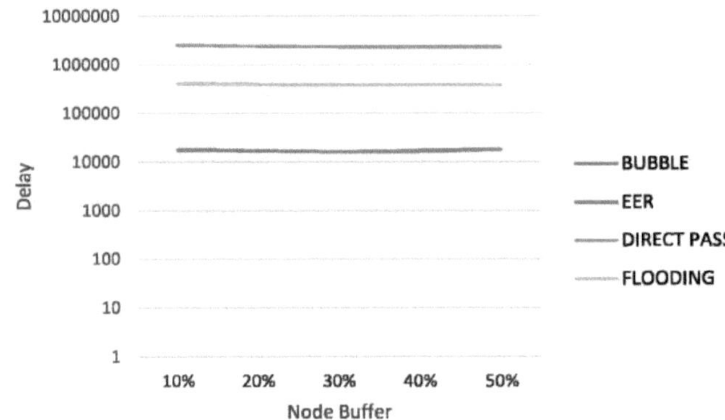

Figura 4.3.3.a SASSY

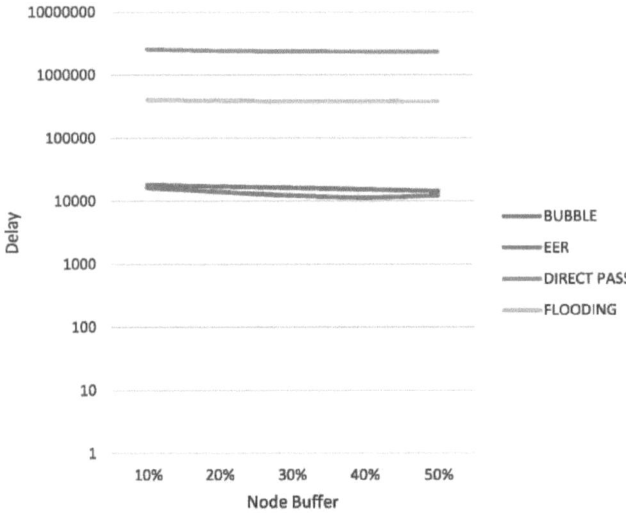

Figura 4.3.3.b SASSY sintético

Aqui, tanto para a figura 4.3.3.a como para a figura 4.3.3.b, considerámos as entradas da tabela 4.3. Para o conjunto de dados SASSY da figura 4.3.3.a, observamos que o Bubble tem um atraso médio 2,44% superior ao EER, mas o algoritmo de passagem direta tem um atraso médio 137,6 vezes superior ao do Bubble. E para o conjunto de dados sintéticos SASSY da figura 4.3.3.b, podemos ver que o algoritmo Bubble tem um atraso médio 22,97% superior ao EER, mas o algoritmo Diret pass tem o atraso médio mais elevado, que é 147,73 vezes superior ao Bubble.

4.3.4 Queda de pacotes

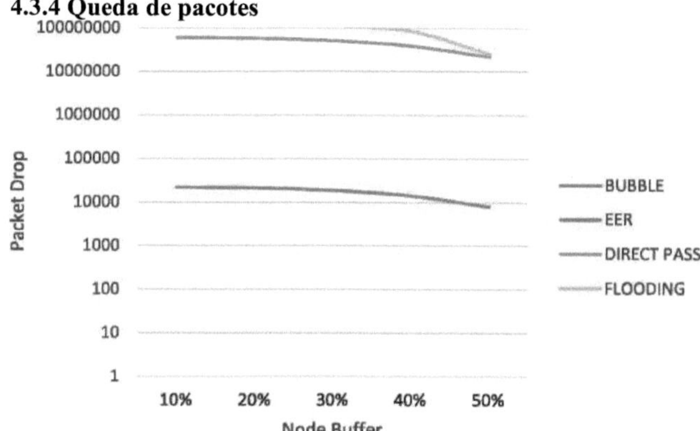

Figura 4.3.4.a SASSY

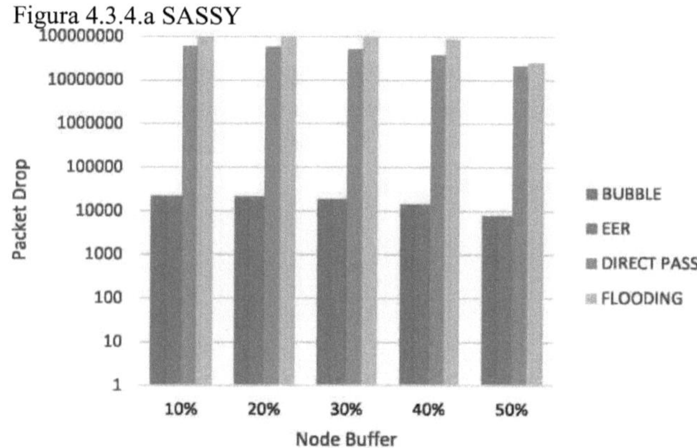

Figura 4.3.4.a.l SASSY

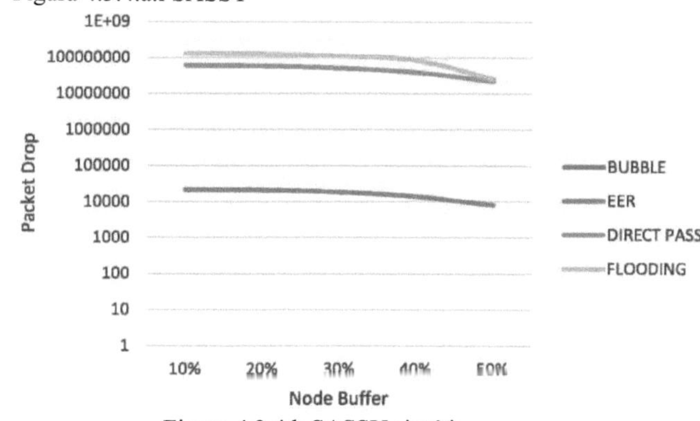

Figura 4.3.4.b SASSY sintético

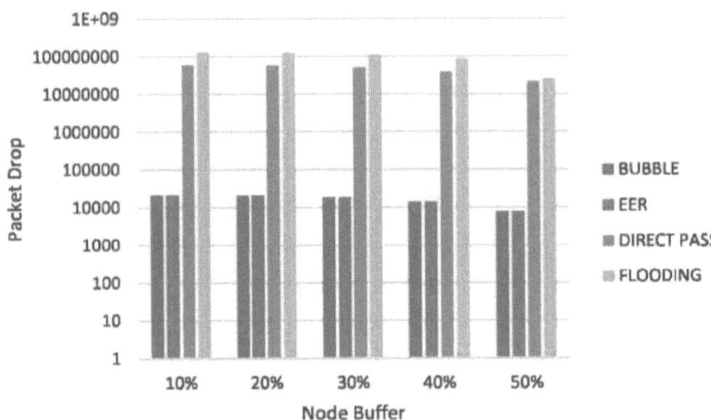

Figura 4.3.4.b.l SASSY sintético

De acordo com as figuras 4.3.4.a e 4.3.4.b, obtemos quase o mesmo resultado para o conjunto de dados SASSY e SASSY sintético. Para o cenário 3, observamos que tanto o BUBBLE como o EER têm, em média, quase a mesma quantidade de queda de pacotes. Por esta razão, utilizámos o gráfico de linhas e o gráfico de barras para representar claramente o resultado. Mas, no caso do algoritmo de inundação, este apresenta a maior quantidade de perda de pacotes.

4.4 Eficiência energética

Dispositivos móveis como telefones inteligentes, computadores portáteis, PDA, etc., que são transportados por seres humanos em diferentes locais com um elevado número de nós e uma elevada densidade de contactos. Este tipo de ambiente pode ocorrer em qualquer conferência, espaço de escritório, etc. Este tipo de ambientes é o exemplo da PSN. Mas estes dispositivos móveis que são transportados por seres humanos têm uma energia muito limitada. Para uma transmissão de dados rápida e fiável, não é razoável utilizar uma grande quantidade de energia. Os protocolos de encaminhamento da PSN existentes não têm em conta o baixo consumo de energia nos seus objectivos de conceção. Assim, o consumo de energia é um fator importante para o desempenho de toda a rede. Na PSN, a quantidade de energia de um nó é considerada um fator importante no envio e na receção de mensagens. Por isso, é importante ter em conta a energia restante de um nó. Na PSN, quando um nó encontra outro nó, este recebe mensagens do nó que o encontrou ou transmite mensagens para o nó que o encontrou. Em ambos os casos, um nó perde alguma energia. Na nossa tese consideramos esta questão. Calculamos a energia restante dos nós em função do tempo e depois comparamos o desempenho do nosso algoritmo proposto EER com outros algoritmos. Consideramos que cada nó do nosso sistema tem inicialmente X unidades de energia. Quando o nó encontra outro nó e envia mensagens para o nó que o encontrou, o nó atual perde x unidades de energia. Quando o nó atual recebe mensagens do nó encontrado, o nó atual perde y unidades de energia. A Tabela 4.4 mostra a configuração de energia dos nós. Para a nossa experiência, assumimos que inicialmente um nó tem 5000 unidades de energia, cada vez que o nó transmite dados perde 1 unidade de energia e cada vez que recebe dados perde 0,9 unidades de energia.

Parameter	Values (Units)
Initial _energy	5000
Transmit _energy	1
Receive_energy	0.9

Tabela 4.4 Definição da energia dos nós

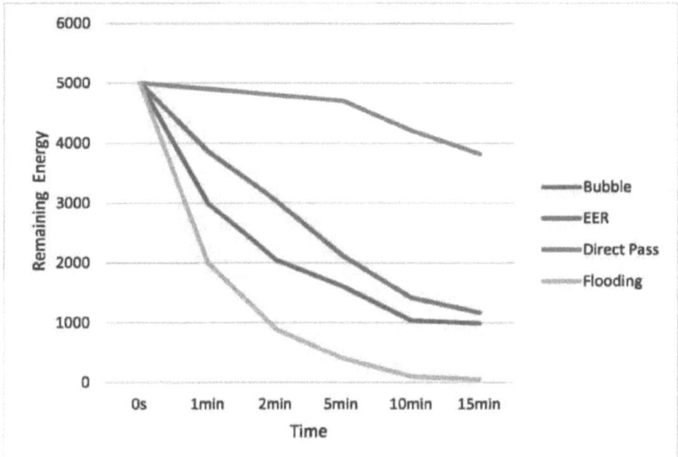

Figura 4.4.1 Energia restante para SASSY

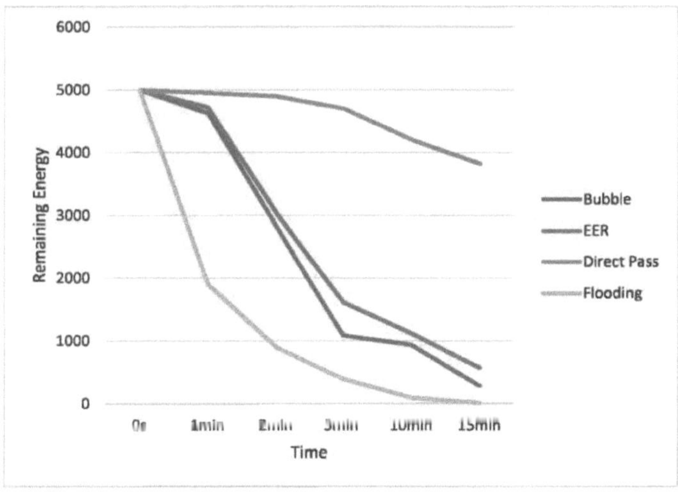

Figura 4.4.2 Energia restante para o SASSY sintético

As figuras 4.4.1 e 4.4.2 mostram os resultados globais da energia restante do nó para o conjunto de dados SASSY e o conjunto de dados SASSY sintético, respetivamente. Aqui podemos observar que a

A energia restante dos nós está a diminuir com o tempo. Seguimos a tabela 4.4 para a definição da energia dos nós para ambos os conjuntos de dados. De acordo com a figura 4.4.1, observámos que o desempenho do EER é melhor do que o do Bubble e do flooding. O EER seleciona apenas alguns nós selecionados para o encaminhamento eficaz dos dados. Já discutimos anteriormente que o EER tem em conta a popularidade global ou FP dos nós para uma transmissão de mensagens bem sucedida. Isto ajuda a poupar a energia dos nós. No caso da inundação, os nós consomem muita energia do que outros algoritmos, porque na inundação cada mensagem é transmitida a todos os nós encontrados, o que exige um grande consumo de energia. É por isso que a energia dos nós se torna quase nula com o tempo. Por outro lado, no caso da passagem direta, a maior unidade de energia permanece ao longo do tempo. Como na passagem direta, as mensagens só são transmitidas quando o destino desejado é encontrado. É por isso que poupa a energia dos nós. O algoritmo de passagem direta poupou muita energia em relação aos outros algoritmos. De acordo com a figura 4.4.2, observámos que o desempenho do EER é melhor do que o do Bubble e do flooding. Mas, no caso do conjunto de dados sintético SASSY, os nós consomem mais energia do que o conjunto de dados SASSY. Como o Synthetic SASSY é um conjunto de dados longo com uma densidade de contactos elevada, o número de mensagens recebidas e transmitidas também é elevado. Se um nó participar na receção e transmissão de mensagens, perderá uma determinada unidade de energia. No caso do Synthetic SASSY, como a participação dos nós é elevada, estes consomem muita energia. Por esta razão, no caso do SASSY sintético, os nós consomem muita energia do que no SASSY.

4.5 Discussão

De acordo com a discussão acima, para cada cenário, observamos que o EER tem maior taxa de entrega, menor custo de transmissão e menor atraso médio do que o Bubble, mas no caso de queda de pacotes o EER e o Bubble têm o mesmo desempenho. O nosso trabalho futuro pode considerar esta questão.

O EER atinge um rácio de entrega mais elevado do que o Bubble porque, para tomar uma decisão de encaminhamento, consideramos a PF para as comunicações internas e, para as comunicações internas, consideramos a PF ou a popularidade global. Como já referimos, o PF é medido pela participação do nó em todo o sistema. A PF de um nó aumenta quando este transporta mensagens. E para as intercomunicações, consideramos a PF ou a popularidade global, que é medida pela popularidade de um nó na comunidade global. Estas métricas ajudam o EER a aumentar a quantidade de mensagens entregues com êxito e também a aumentar o rácio global de entrega para todo o sistema. No entanto, podemos constatar que o EER tem um melhor desempenho para o conjunto de dados SASSY, mas para o Synthetic SASSY o EER tem um desempenho aproximadamente inferior. O facto de o conjunto de dados Synthetic SASSY ser maior do que o SASSY pode reduzir o desempenho do EER em relação ao Synthetic SASSY.

Observamos que, tanto para o conjunto de dados SASSY como para o Synthetic SASSY, o EER tem um custo de transmissão inferior ao Bubble. Mas o Flooding tem o custo de transmissão mais elevado. Para o Synthetic SASSY, o EER tem um custo de transmissão mais baixo do que o SASSY, uma vez que o Synthetic SASSY tem uma maior quantidade de interações do que o SASSY, o que ajuda a reduzir o custo de transmissão. Como já foi referido, o EER seleciona apenas alguns nós específicos (com elevado FP ou popularidade global) como nós de retransmissão para que as mensagens cheguem com êxito ao destino desejado. Isso faz com que a contagem de saltos seja mínima, pelo que o custo global de transmissão é reduzido.

Aqui podemos observar que, tanto para o conjunto de dados SASSY como para o SASSY sintético, o EER tem o atraso mais baixo do que o Bubble e o Diret pass tem o atraso médio mais elevado do que os outros algoritmos. Para o SASSY sintético, o EER tem o atraso médio mais baixo do que o SASSY. Como o conjunto de dados Synthetic SASSY tem 210 dias de duração e temos uma grande quantidade de interações, o EER pode ajudar a reduzir o atraso médio. De acordo com o EER, torna-se fácil identificar o nó de retransmissão adequado utilizando a informação do nó para a entrega bem sucedida de cada mensagem, o que reduz a diferença entre o tempo de entrega da mensagem e o tempo de geração da mensagem. Assim, o atraso médio global de entrega da mensagem é reduzido.

Uma vez que estas experiências são diferentes nos seus parâmetros, obtemos quase os mesmos resultados para o conjunto de dados SASSY e Synthetic SAASSY. Em todos os casos, observamos que tanto o BUBBLE como o EER têm a mesma quantidade de queda de pacotes em média, porque para ambos os algoritmos a queda de pacotes é medida pelo estouro do buffer do nó. Mas no caso do flooding, a maior quantidade de pacotes é expirada.

CAPÍTULO 5

Conclusão e trabalho futuro

Neste livro, apresentamos um protocolo de encaminhamento energeticamente eficiente (EER) para PSNs, que é a contribuição geral desta tese. O EER é sobretudo um algoritmo de encaminhamento energeticamente eficiente baseado na comunidade. O EER toma decisões de encaminhamento principalmente através da medição do FP de cada nó. Já discutimos anteriormente a forma de medir o FP de cada nó. Para a intercomunicação, o EER tem em conta tanto a classificação global como o FP. Por fim, o EER consegue uma taxa de entrega mais elevada, um encaminhamento rápido (baixa latência de entrega) e eficiente em termos energéticos (baixo custo de transmissão) em redes PSN com ligações intermitentes e tem um melhor desempenho do que o Bubble e outros algoritmos, como já foi referido. Como o EER não consegue reduzir a quantidade média de queda de pacotes do que o Bubble, o nosso trabalho futuro centrar-se-á nesta questão. O algoritmo de passagem direta apresenta um melhor desempenho do que o EER em alguns cenários. Isto pode mudar quando outros métodos de agrupamento propostos na literatura forem utilizados para implementar o novo algoritmo proposto. Uma vez que a PSN é formada por seres humanos e, na maioria das vezes, estes estão intermitentemente ligados ou a ligação está quase interrompida. A PSN utiliza nós móveis. Por outro lado, o encaminhamento bem sucedido de dados entre estes nós móveis torna-se um desafio e pode ser um futuro âmbito de investigação. A maior parte dos protocolos de encaminhamento na PSN são planos. Esta abordagem plana é adequada para redes pequenas, mas não é escalável. No futuro, esta abordagem pode ser alargada a uma estrutura hierárquica, a fim de desenvolver uma abordagem escalável. O método proposto nesta tese utiliza o agrupamento de nós (clustering), o que pode proporcionar melhores resultados na criação de grupos de nós móveis com um padrão de mobilidade semelhante num mesmo cluster.

Referências

[1] Fall, K. (2003) A Delay-Tolerant Network Architecture for Challenged Internets. *SIGCOMM 03,* Karlsruhe, 25-29 de agosto de 2003, 27-34.

[2] R.R Sarkar, K. Rasul e Chakrabarty, A. (2015) Survey on Routing in Pocket Switched Network.Wireless Sensor Network,?, 113-128.

[3] Hossmann, T., Spyropoulos, T.T. e Legendre, F. (2011) Putting Contacts into Context: Mobility Modeling beyond Inter-Contact Tinies. Actas do Twelfth ACM International Symposium on Mobile Ad Hoc Networking and Computing, Paris, 16-19 de maio de 2011, Artigo n.º 18. http://dx.doi.org/10.1145/2107502.2107526.

[4] Wang, S., Liu, M., Cheng, X. e Song, M. (2012) Routing in Pocket Switched Networks. IEEE Wireless Communications.

[5] Mtibaa, A., Chaintreau, A. e Diot, C. (2007) Popularity of Nodes in Pocket Switched Networks. Actas da ACM SIGCOMM, Quioto, 27-31 de agosto de 2007.

[6] Erramilli, V., Chaintreau, A., Crovella, M. e Diot, C. (2007) Diversity of Forwarding Paths in Pocket Switched Networks. Proceedings of the 7th ACM SIGCOMM Conference on Internet Measurement, San Diego, 24-26 de outubro de 2007, 161-174. http://dx.doi.org/10.1145/1298306.1298330.

[7] Chaintreau, A., Hui, P., Crowcroft, J., Diot, C., Richard, G. e James, J. (2005) Pocket Switched Networks: Real- World Mobility and Its Consequences for Opportunistic Forwarding (Mobilidade no mundo real e suas consequências para o encaminhamento oportunista). Relatórios técnicos, Universidade de Cambridge, Cambridge.

[8] Hui, P., Chaintreau, A., Scott, J., Gass, R., Crowcroft, J. e Diot, C. (2005) Pocket Switched Networks and Human Mobility in Conference Environments. Proceedings of the 2005 ACM SIGCOMM Workshop on Delay-Tolerant Networking, Philadelphia, 22- 26 August 2005, 244-251. httD://dx.doi.org/10.1145/1080139.1080142

[9] P. Hui, J. Crowcroft e E. Yoneki, "Bubble Rap: Social-Based Forwarding in Delay Tolerant Networks" (Rap da bolha: reencaminhamento com base social em redes tolerantes a atrasos), nos Actos de 2008 da ACM MobiHoc.

[10] Kaur, Er.U. e Kaur, Er.H. (2009) Routing Techniques for Opportunistic Networks and Security Issues (Técnicas de encaminhamento para redes oportunistas e questões de segurança). Conferência Nacional sobre Computação, Comunicação e Controlo (CCC-09), 2009, 155-161.

[11] C. Bettstetter, H. Hartenstein, X. Perez-Costa, "Stochastic properties of the random waypoint mobility model", Wireless Networks, v.10, pp.555-567, setembro de 2004.

[12] E. M. Royer, P. M. Melliar-Smith, e L. E. Moser, "An analysis of the optimum node density for ad hoc mobile networks", nas Actas da Conferência Internacional de Comunicações do IEEE, vol. 3, pp. 857-861, junho de 2001.

[13] C. Bettstetter e C. Wagner, "The spatial node distribution of the random waypoint mobility model", in Proceedings of 1st German Workshop. Mobile. Ad-Hoc Network. WMAN'02, pp. 41-58, 2002.

[14] N. Aschenbruck, E. Gerhards-Padilla e Peter martini "A survey on mobility models for performance analysis in tactical mobile networks". Journal of Telecommunications and Information technology2/2008.

[15] Sistema Universal de Telecomunicações Móveis (UMTS); "Procedimentos de seleção para a escolha das tecnologias de transmissão rádio do UMTS (UMTS 30.03 versão 3.2.0)", Instituto

Europeu de Normas de Telecomunicações (ETSI) TR 101 112 V3.2.0 (1998-04M), 2010.

[16] A. Jardosh, E. M. Belding-Royer, K. C. Almeroth e S. Suri, "Towards realistic mobility models for mobile ad hoc networks", nas Actas da IEEE MobiCom, pp. 217-229, setembro de 2003.

[17] A. P. Jardosh, E. M. Belding-Royer, A. K. C., e S. Suri, "Realworld environment models for mobile network evaluation", IEEE Journal. Selected. Areas in Communication special issue on Wireless Ad hoc Networks, v. 23, pp. 622-632, março de 2005.

[18] X. Hong, M. Gerla, G. Pei, e C.-C. Chiang, "A group mobility model for ad hoc wireless networks", nas Actas do Workshop Internacional da ACM sobre Modelação e Simulação de Sistemas Móveis e Sem Fios (MSWiM), agosto de 1999.

[19] S. Lim, C. Yu, e C. R. Da, "Clustered mobility model for scalefree wireless networks", nas Actas da 31st Conferência IEEE sobre Redes de Computadores Locais (LCN 2006), novembro de 2006.

[20] B. Liang e Z. J. Haas, "Predictive distance-based mobility management for multidimensional PCS networks", IEEE/ACM Transaction on Networking, v. 11, no. 5, pp. 718-732, outubro de 2003.

[21] C. Bettstetter, "Mobility modeling in wireless networks: categorization, smooth movement, and border effects", ACM SIGMOBILE Mob. Comp. Commun. Rev., v. 5, no. 3, pp. 55-66, 2001.

[22] C. Bettstetter, "Smooth is better than sharp: a random mobility model for simulation of wireless networks", in the proceedings of 4th Int. Symp. Model. Anal. Simul. Wirel. Mob. Syst. MSWIM, pp. 19-27. 2001.

[23] S. Bittner, W.-U. Raffel, e M. Scholz, "The area graph-based mobility model and its impact on data dissemination", nas Actas da terceira Conferência Internacional do IEEE sobre Workshops de Computação e Comunicações Pervasivas (PerCom), pp. 268-272, 2005.

[24] M. Musolesi, S. Hailes, e C. Mascolo, "An ad hoc mobility model founded on social network theory", nas Actas do 7º ACM Int. Symp. Model. Anal. Simul. Wirel. Mob. Syst., pp. 20-24, 2004,

[25] M. Musolesi e C. Mascolo, "A community based mobility model for ad hoc network research", nas Actas do 2º Workshop Internacional ACM/SIGMOBILE. Multi-hop Ad Hoc Network. Teoria Real. REALMAN'06, Colo-cated with MobiHoc2006, pp. 31-38, 2006.

[26] L. Pelusi, A. Passarella, e M. Conti, "Opportunistic networking: data forwarding in disconnected mobile ad hoc networks," IEEE Communications Magazine, vol.44, pp. 134, 2006.

[27] C.M. Huang , K.C. Lan , C.Z. Tsai, "A Survey of Opportunistic Networks", nas Actas da 22.ª Conferência Internacional sobre Redes e Aplicações de Informação Avançada - Workshops, pp. 1672-1677, março de 2008.

[28] L. Lilien, A. Gupta e Z. Yang, "Opportunistic Networks for Emergency Applications and Their Standard Implementation Framework", The First International Workshop on Next Generation Networks for First Responders and Critical
Infraestrutura (NetCriO7), pp. 588-593, abril de 2007.

[29] M. Girvan e M.E. J. Newman, "Community structure in social and biological networks," in Proceedings of the National Academy of Sciences, v. 99, no. 12, pp. 7821-7826, 2002.

[30] Nguyen, A.-D., Senac, P. e Diaz, M. (2012) Understanding and Modeling the Small-World Phenomenon in Dynamic Networks (Compreender e modelar o fenómeno do mundo pequeno em redes dinâmicas). Actas da 15.ª Conferência Internacional da ACM sobre Modelação, Análise e Simulação de Sistemas Móveis e Sem Fios, Pafos, 21-25 de outubro de 2012, 377.

[31] Nguyen, A.D., Senac, P. e Diaz, M. (2013) How Disorder Impacts Routing in Human-Centric Disruption Tolerant Networks. Actas da ACM SIGCOMM, Hong Kong, 12-16 de agosto de 2013, 47-52.

[32] Hui, P., Chaintreau, A., Gass, R., Scott, J., Crowcroft, J. e Diot, C. (2005) Pocket Switched Networking: Challenges, Feasibility, and Implementation Issues (Desafios, viabilidade e questões de implementação). Actas do Segundo Workshop Internacional IFIP, WAC 2005, Atenas, 2-5 de outubro de 2005, 1-12.

[33] Rasul, K., Nuerie, N. and Pathan, A.K. (2010) An Enhanced Tree-Based Key Management Scheme for Secure Communication in Wireless Sensor Network. Actas do 3.º Workshop Internacional do IEEE sobre Internet e Sistemas de Computação Distribuída, Melbourne, 1-3 de setembro de 2010, 671-676.

[34] Blondel, V.D., Guillaume, J.L., Lambiotte, R. e Lefebvre, E. (2008) Fast Unfolding of Communities in Large Networks.Joumal of Statistical Mechanics: Theory and Experiment, **2008,** Artigo ID: Pl0008.

[35] Breve, F., Zhao, L. e Quiles, M. (2009) Descobrindo a estrutura da comunidade de sobreposição em redes complexas usando competição de partículas. Em: Deng, H., *et al.,* Eds., /I/C/2009, *LNAI5855,* 619-628.

[36] Hui, P. e Crowcroft, J. (2007) How Small Labels Create Big Improvements. Proceedings of the Fifth Annual IEEE International Conference on Pervasive Computing andCommunications Workshops, White Plains, 19-23 de março de 2007, 65-70. http://dx.doi.org/10.1109/percomw.2007.55

[37] Pentland, A., Fletcher, R. e Hasson, A. (2004) DakNet: Rethinking Connectivity in Developing Nations. *IEEE Computer,* **37,** 78-83. http://dx.doi.org/10.1109/MC.2004.126Q729

[38] Uddin, M.Y.S., Nicol, D.M., Abdelzaher, T.F. e Kravets, R.H. (2009) A PostDisaster Mobility Model for Delay Tolerant Networking. Actas da Conferência de Simulação de inverno, Austin, 13-16 de dezembro de 2009, 2785-2796.

[39] Wasserman, S. e Faust, K. (1994) Social Network Analysis: Methods and Applications. Cambridge University Press, Cambridge. http://dx.doi.org/10.1017/CBQ9780511815478

[40] Hashemian, M., Stanley, K. e Osgood, N. (2010) Flunet: Automated Tracking of Contacts during Flu Season (Rastreio automatizado de contactos durante a época da gripe). Actas do 6.º Workshop Internacional sobre Medições de Redes Sem Fios, Avignon, 31 de maio-4 de junho de 2010, 348-353.

[41] Blondel, V.D., Guillaume, J.-L., Lambiotte, R. e Lefebvre, E. (2008) Fast Unfolding of Community Hierarchies in Large Networks. Journal of Statistical Mechanics: Theory and Experiment, 2008, Artigo ID:

P10008.http://dx.doi.org/10.1088/1742-5468/2008/10/P10008

[42] Satuluri, V., Parthasarathy, S. e Ruan, Y. (2011) Local Graph Sparsification for Scalable Clustering. In: Actas da Conferência Internacional de 2011 sobre Gestão de Dados, ACM Press, Nova Iorque, 721-732.http://dx.doi.org/l 0,1145/1989323.1989399

[43] Grier, C., Thomas, K., Paxson, V. e Zhang, M. (2010) @Spam: The Underground on 140 Characters or Less. ImProceeding of the 17th ACM Conference on Computer and Communications Security, ACM Press, Nova Iorque, 27- 37.http://dx.doi.org/l 0.1145/1866307.1866311

[44] Vahdat, A. e Becker, D. (2000) Epidemic Routing for Partially Connected Ad Hoc Networks. Relatório técnico, Duke University, Durham.

[45] Haas, Z.J. and Small, T. (2006) A New Networking Model for Biological Applications of Ad Hoc Sensor Networks. *IEEE/ACM Transactions on Networking,* 14, 27-40. http://dx.doi.org/10.1109/TNET.20Q5.863461

[46] Zhang, X., Neglia, G., Kurose, J.F. e Towsley, D.F. (2007) Performance Modeling of Epidemic Routing. *Computer Networks,* 51, 2867-2891. http://dx.d0i.0rg/l 0.1016/i .comnet.2006.11.028

[47] Jones, E.P.C. e Ward, P.A.C. (2006) Routing Strategies for Delay-Tolerant Networks. ACM Computer Communication Review (CCR).

[48] Spyropoulos, T., Psounis, K. e Raghavendra, C.S. (2005) Spray and Wait: An Efficient Routing Scheme for Intermittently Connected Mobile Networks. In: Proceedings of the 2005 ACM SIGCOMM Workshop on Delay-Tolerant Networking, ACM Press, New York, 252-259.

[49] Mangrulkar, R.S. e Atique, M. (2011) Performance Evaluation of Flooding Based Delay Tolerant Routing Protocols.Proceedings of the National Conference on Emerging Trends in Computer Science and Information Technology (ETCSIT), Punjab, 25-26 de fevereiro de 2011, 35-40.

[50] Lindgren, A., Doria, A. e Schelen, O. (2004) Probabilistic Routing in Intermittently Connected Networks. Proceedings of the Workshop on Service Assurance with Partial and Intermittent Resources, Fortaleza, 1-6 de agosto de 2004, 239- 254.

[51] Boudguig, M. e Abdali, A. (2013) Novo Algoritmo de Roteamento DTN. IJCSI International Journal of Computer Science Issues, 10, 82-87.

[52] Burgess, J., Gallagher, B., Jensen, D. e Levine, B.N. (2006) MaxProp: Routing for Vehicle-Based Disruption-Tolerant Networks (Encaminhamento para redes tolerantes a perturbações baseadas em veículos). Actas da 25.ª Conferência Internacional do IEEE sobre Comunicações Informáticas, Barcelona, 23-29 de abril de 2006,1-11.

[53] Guo, X.F. e Chan, M.C. (2013) Plankton: Um Algoritmo de Roteamento DTN Eficiente. Actas da 10.ª Conferência Internacional Anual do IEEE sobre Sensoriamento, Comunicações e Redes (SECON), Nova Orleães, 24-27 de junho de 2013, 550-558.

[54] Musolesi, M. e Mascolo, C. (2009) CAR: Context-Aware Adaptive Routing for Delay-Tolerant Mobile Networks (Roteamento adaptativo sensível ao contexto para redes móveis tolerantes a atrasos). IEEE Transactions on Mobile Computing, 8, 246-260. http://dx.doi.org/10.1109/TMC.20Q8.107

[55] Kalman, R.E. (1960) A New Approach to Linear Filtering and Prediction Problems. Journal of Basic Engineering, 82, 34-45. http://dx.doi.Org/10.1115/l.3662552

[56] Keeney, R.L. e Raiffa, H. (1976) Decisions with Multiple Objectives: Preference and Value Tradeoffs. John Wiley & Sons, Nova Iorque.

[57] Mtibaa, A., Chaintreau, A. e Diot, C. (2008) Are You Moved by Your Social Network Application? Em: Proceedings of the First ACM SIGCOMM Workshop on Online Social Network, ACM Press, Nova Iorque, 67-72.http://dx.doi.org/10.1145/1397735.1397751

[58] Khan, S.K.A., Mondragon, R.J. e Tokarchuk, L.N. (2012) Lobby Influence: Algoritmo de encaminhamento oportunista baseado em padrões de relacionamento social humano. Actas da Conferência Internacional IEEE de 2012 sobre Computação Pervasiva e Communications Workshops, Lugano, 19-23 de março de 2012, 211-216. http://dx.doi.org/10.1109/percomw.2012.6197482

[59] Rasul, K., Chowdhury, S., Makaroff, D. e Stanley, K.G. (2014) Community- Based Forwarding for Low-Capacity Pocket Switched Networks. In: Proceedings of the 17th ACM Conference on Modeling, Analysis and Simulation of Wireless and Mobile Systems, ACM Press, Nova Iorque, 249-257. http://dx.doi.org/10.1145/2641798.2641801

[60] Daly, E. e Haahr, M. (2007) Social Network Analysis for Routing in Disconnected Delay-Tolerant MANETs. In: Proceedings of the 8th ACM International Symposium on Mobile Ad Hoc Networking and Computing, ACM Press, New York, 32- 40.

[61] Bayir, M.A. e Demirbas, M. (2010) PRO: Um protocolo de encaminhamento baseado em perfil para redes comutadas de bolso. Actas da Conferência Global de Telecomunicações, Miami, 6-10 de dezembro de 2010, 1-5.

[62] Miao, J., Hasan, O., Mokhtar, S.B. e Brunie, L. (2012) A Self-Regulating Protocol for Efficient Routing in Mobile Delay Tolerant Networks. Actas da 6.ª Conferência Internacional do IEEE sobre Tecnologias de Ecossistemas Digitais *(DEST),* Campione d'ltalia, 18-20 de junho de 2012, 1-6.

[63] Mei, A., Morabito, G., Santi, P. e Stefa, J. (2011) Social-Aware Stateless Forwarding in Pocket Switched Networks. Actas do IEEE INFOCOM, Xangai, 10-15 de abril de 2011, 251-255.http://dx.doi.org/10.1109/infcom.2011.5935076

[64] Bulut, E. e Szymanski, B.K. (2010) Friendship Based Routing in Delay Tolerant Mobile Social Networks. Actas da Conferência Global de Telecomunicações, Miami, 6-10 de dezembro de 2010, 1-5 .http://dx.doi.org/10.1109/glocom.2010.5683Q82

[65] Mtibaa, A. e Harras, K.A. (2011) Social Forwarding in Large Scale Network: Insights baseados na análise de traços reais. Actas da 20.ª Conferência Internacional sobre Comunicações e Redes Informáticas (ICCCN), Maui, 31 de julho-4 de agosto de 2011,1- 8. http://dx.doi.Org/10.l109/icccn.2011.6005907

£66] M.Girvan e M.E.J Newman, Community Structure in social and Biological Networks, Procedimentos da Academia Nacional de Ciências dos Estados Unidos da América, 99, pp 7821-7826, 2002.

[67] S.Jain, K.Fall e R.Patra. Routing in a delay tolerant network. Em ACM SIGCOMM, páginas 145-158, Portland, OR, setembro de 2004.

[68] P.Hui e J. Crowcroft. How small Labels Create Big Improvements. Em PERCOM Workshops, páginas 65-70, White Plains. NY Mar, 2007.

[69] G.Bigwood, D. Rehunathan, M.Bateman, T.Henderson e S.Bhatti. Conjunto de dados CRAWDAD st andrews/sassy (v.2011-06-03). Descarregar de http://crawdad.org/st andrews/sassyjune 2011.

[70] I.parris and T.Henderson, privacy-enhanced socialnetwork routing, comput.Commun,35(l):62-74jan.2012.doi:10.10

[71] A. Keranen, J. Ott e T. Karkkainen. O simulador único para avaliação do protocolo dtn. Em Simutools '09, páginas 55:l - 55:10, Roma, Itália, 2009.

[72] R.R. Sarkar, K. Rasul, and A. Chakrabarty, (2015), Energy Efficient Routing (EER) Algorithm for Pocket Switched Network, International Journal of Computer Science and Network (IJCSN), 5, 80-86.

Printed by Books on Demand GmbH, Norderstedt / Germany